VER A TRAVÉS DE LAS PAREDES

Un diario para reflexionar después de meditar

VER A TRAVÉS DE LAS PAREDES

Un diario para reflexionar después de meditar

Joseph C. Sturgeon II

RECONOCIMIENTOS

Me gustaría dedicar unas frases a dar crédito y honor a quien lo merece. Me gustaría dar las gracias personalmente al Dr. Adonijah Ogbonnaya. Su ayuda y maestría en el terreno meditativo (entre otros) no tiene parangón y es algo que admiramos enormemente. Él ha contribuido a dar forma a mi matrimonio como místicos. Sin exagerar, este trabajo no habría sido posible sin él y su ayuda, ya que no habríamos comprendido las profundidades que estábamos sondeando sin su perspicacia, recursos y conocimientos. Gran parte de la estructura que empezamos a abordar aquí comenzó con el Dr. O. Es un mentor espiritual, amigo y una de las personas más amables que hemos tenido el privilegio de conocer. Él también ama demostrablemente a Jesucristo en su vida personal y diaria más que nadie que yo haya conocido. Gracias Dr. O.

También quiero dar las gracias a mi mujer, sin la cual esto no sería posible. Los que la conozcáis reconoceréis su toque. ¡Las partes buenas son las suyas! Ella fue la idea y la ejecución de este trabajo y es merecedora de agradecimiento.

Por último, quiero dar las gracias a mi buen amigo Chris Blackeby. Algunas de las historias que aparecen en este libro fueron aventuras con él. Chris, eres una de las personas más intencionadas, cariñosas y constantes que he conocido y has ayudado a más personas a las que quiero entrañablemente que cualquier otra persona que haya conocido. (Además, mi pasaporte todavía tiene espacio, así que creo que estás ganando nuestra competición). Gracias hermano.

Joseph

«Cristo conmigo, Cristo delante de mí,
Cristo detrás de mí,
Cristo en mí,
Cristo debajo de mí,
Cristo sobre mí,
Cristo a mi derecha, Cristo a mi izquierda,
Cristo cuando me acuesto,
Cristo cuando me siento, Cristo cuando me levanto,
Cristo en el corazón de todo hombre que piensa en mí,
Cristo en la boca de todo el que habla de mí,
Cristo en cada ojo que me ve,
Cristo en todo oído que me escucha».

San Patricio

CONTENIDO

ESTABLECE TU INTENCIÓN

Mi intención con este diario es

BIENVENIDA

Bienvenido y bienvenida a *Ver a través de las paredes*, tu diario para después de meditar.

Hay pocas palabras para describir el impacto que los diarios han tenido en el mundo. Desde el diario de Marco Polo que inspiró a Cristóbal Colón en su viaje, a los bocetos de Leonardo da Vinci, pasando por una mirada detallada a las batallas de Ludwig van Beethoven en su lucha contra la depresión y la sordera, mientras creaba música que cambiaría el mundo. El «mejor momento» de Churchill se escribió en un diario. Las frases más célebres del general George S. Patton, como «Puedes ser lo que quieras ser» y "Haz siempre más de lo que se te pide", fueron todas escritas en un diario. Estos diarios son la proyección exterior de los pensamientos internos de las personas más famosas e inspiradoras que han existido. Son un vistazo a las mentes de los compositores más brillantes del mundo, guerreros, poetas e incluso la «gente común». Un diario es un lugar donde se desvelan sueños, se inspiran visiones y se derraman lágrimas. Los diarios son dolorosamente honestos y asombrosamente brillantes; son un terreno de juego en el que personas normales como tú y yo descubrimos la velada brillantez de los secretos que esconden, solo para descubrir que no somos normales y que el terreno de juego está inclinado a nuestro favor. El diario en sí es un viaje al interior de uno mismo para descubrir verdades y misterios ocultos. La Biblia habla de cómo «Es la gloria del Señor ocultar un asunto, pero la gloria de los Reyes escudriñarlo». ¿Dónde ocultó Dios esos misterios sino dentro de nosotros? Para Claire y para mí, los diarios son una herramienta insustituible que nos ha ayudado en nuestro viaje, algunos de los cuales imprimiremos y daremos a nuestros nietos como parte de su herencia. Nuestro canal de Patreon, «The Ancient Quest» nació de las ideas que teníamos mientras llevábamos un diario. No está bien que los avances que hemos logrado y los conocimientos que hemos adquirido se pierdan. Puede que pasen 200 años antes de que alguien lo entienda de verdad, pero un día, uno de nuestros descendientes lo recogerá y llegará el momento de que continúe el trabajo y empiece a dar saltos adelantándose por años a los que le rodean. ¿Por qué? Porque nos tomamos el tiempo de escribirlo e implementamos las medidas necesarias para conservarlo.

Nos gustaría invitarte a participar con nosotros en este proceso. Este libro contiene los pasos sencillos y prácticos que dimos al principio para desarrollar en nosotros la disciplina de escribir un diario. Algunos días hay mucho que decir, otros muy poco, pero hemos incluido la estructura para ayudarte a producir algo diariamente. Nos alegra darte la bienvenida a este viaje. Hemos orado y nos hemos comprometido con cada palabra escrita aquí con el deseo de que produzca en ti lo que nos ha beneficiado a nosotros durante tantos años.

Que comience la aventura,

Joseph y Claire

POR QUÉ ES IMPORTANTE LLEVAR UN DIARIO Y CÓMO CONVERTIRLO EN UNA PRÁCTICA HABITUAL

Las preguntas más habituales que nos hacen son «¿cómo puedo ver en el espíritu?», «¿cómo puedo ver más?» o «¿por qué cuando medito a solas no veo nada?». La presencia de Dios es algo increíble, cuando interactúa con la Sabiduría produce chispas de luz que se convierten en «destellos». Con el tiempo, si prestamos atención podemos mantener esos relámpagos en quietud hasta que se abren a nosotros y revelan lo que contienen en su interior. La comprensión de lo anterior se infunde en nuestro ser. Puede que no siempre seamos conscientes de que hay un destello, pero cuando experimentamos un momento de conocimiento infuso que sólo podría venir de Dios (una revelación de algo que va mucho más allá de nuestra experiencia, nuestro conocimiento o nuestra propia comprensión) es en esos momentos cuando de hecho hemos captado el destello dentro de nuestro ser y lo hemos mantenido, aunque solo sea durante una fracción de segundo, en medio del movimiento antes de que pase. La meditación nos enseña a ser más conscientes de estos destellos y entrena nuestra concentración y voluntad para captarlos.

Escribir físicamente y llevar un diario es valioso y beneficioso de muchas maneras. Hemos enumerado algunas que creemos que pueden interesarte.

1. Mejora el recuerdo

   Santiago, en la Biblia, describe la desobediencia a la palabra como mirarse en el espejo y luego olvidar la imagen. A menudo nuestros encuentros, experiencias, sensación de paz, el crecimiento e incluso las estructuras mentales que construimos se olvidan a medida que el día avanza. Escribir sobre la revelación te obliga a ralentizar la mente y centrarte en los aspectos concretos que has descubierto. Los trae del subconsciente al primer plano consciente. Hace que se solidifique lo que has visto, sentido o vivido. Al escribir, tu mente repasa lo que has visto o experimentado. Este es el comienzo de aprender a «ver en el espíritu». Los encuentros nítidos son el resultado de una mente entrenada que es capaz de ver en detalle gracias a la práctica y a la disciplina.

2. Produce crecimiento

   Después de la meditación, escribir un diario con preguntas e indicaciones puede hacer que te centres en cosas en las que antes no habías reparado. Jesús, en los Evangelios, a menudo usaba preguntas para sacar lo que estaba oculto bajo la superficie. La forma judía de aprender suele implicar preguntas que obligan a la mente a considerar múltiples perspectivas. El crecimiento es el producto de una mente abierta que se adapta rápidamente al cambio.

3. Entrena tu mente

El acto físico de escribir también da peso y valor a lo que de otra manera fácilmente podrías pasar por alto. Por ejemplo, quizá mientras meditas en el corazón es posible que experimentes o percibas algún tipo de movimiento angélico. No sabes necesariamente su nombre, función o propósito. Tal vez no puedas ver nada, pero percibes que algo está ahí. Este es un punto de partida desde el que poder acceder a más. La primera vez que viste una manzana y tus padres dijeron «manzana», probablemente no pudiste repetirlo inmediatamente. De hecho, probablemente se necesitaron unas cuantas veces más de ver la manzana y que se dijera la palabra «manzana» para que pudieras comprender que la fruta roja es una manzana. Lo mismo ocurre con la visión en el espíritu. Cuando eliges reconocer que sentiste o percibiste algo cuando hiciste «x» o «y», incluso si no sabes exactamente lo que es, tu mente entiende que es lo suficientemente valioso como para centrar tu atención en ello y se convierte en una invitación para notar esa sensación de nuevo en el futuro. La constancia en notar y prestar atención a esa sensación te mostrará con el tiempo qué es y qué está pasando. Que tu cerebro reconozca la información espiritual como relevante es producto del entrenamiento y la constancia.

4. Da acceso adicional y capacidad de profundizar.

Formamos parte de una cultura de lo instantáneo. Queremos entenderlo todo y saberlo todo en una fracción de segundo mientras sólo retenemos el flash un instante. Aunque todo puede infundirse en meros instantes, no es frecuente que nuestros ojos mentales puedan captar todos los detalles. Es lo mismo que si abriéramos un libro de texto y echáramos un vistazo a una página. Tal vez captemos algunos diagramas y algo de texto, pero hacen falta unas cuantas lecturas para comprender esa página, para entender cómo encaja en el libro de texto y qué aspectos de ese contenido no están presentes en esa página, lo cual también hay que tener en cuenta. Escribir un diario es una forma de volver sobre algo para profundizar en ello.

5. Crea memoria corporal.

Los antiguos solían escribir con tinta perfumada porque escribir físicamente algo crea una memoria corporal que se arraiga en ti. Si se añade un aroma hace que tu mente se desplace a ese tema cuando hueles ese olor específico. Provoca un estado de alerta adicional. Escribir algo físicamente algo, por ejemplo, una afirmación «Yo soy», solidifica esa afirmación en tu cuerpo físico. De tal forma que, cuando te encuentres en una situación y necesites recordar quién eres, se vuelve mucho más presente que un mero pensamiento pasajero durante la meditación. La memoria corporal concreta lo que antes era esquivo.

CÓMO USAR ESTE DIARIO

«Llena tu papel con el aliento de tu corazón». William Wordsworth

Este es tu diario, estos son tus pensamientos, tus reflexiones, tus visiones y en este espacio no hay correcto o incorrecto, sólo el siempre presente amor de Dios fluyendo hacia ti. Nuestra intención al crear este diario es ayudarte a reflexionar y hacerte preguntas que aumenten y añadan valor a la belleza descubierta en tus meditaciones. Hemos creado una estructura para este diario, pero en ningún caso pretende ser restrictiva. Puedes usar la estructura como guía sutil o dejarte llevar por ella de una forma más firme. No importa tu preferencia, este es tu viaje personal, así que en lugar de forzar algo, permite que la libertad de Su aliento te guíe a través de estas páginas.

Estructura:

Este diario está dividido en tres partes y cada una dura 28 días (sí, no es un mes completo, ya que te da unos días de margen por si te saltas u olvidas llevar el diario ese día). Cada sección tiene un tema, pero no es crucial que los hagas en orden. Recuerda que es tu diario, así que usa tu intuición y decide cuál de los tres aspectos es importante para ti en este momento y elige ese. Lo mismo se aplica a las indicaciones. Si no te parece que la de ese día sea especialmente útil, elige otra de las muchas sugerencias que aparecen al final de cada sección.

Parte 1: el alma

Los primeros 28 días tratan sobre el yo y el alma. Esta sección incorpora la identidad, la mente, el corazón, las bendiciones generacionales y tu propósito. La intención es que, a través de la reflexión, sugerencias y una serie de meditaciones, descubras más sobre ti mismo y la composición única y hermosa de tu propia alma. Empezarás a descubrir cómo tu alma única está destinada a contribuir a este mundo y dejar un impacto duradero en la Tierra. Aprender a crear declaraciones de identidad desde un lugar de profunda intimidad y descanso es un punto principal de este mes y continúa durante los próximos dos meses.

Parte 2: eres creador

La segunda parte de este diario trata de convertirse en creador. Se centra en el nombre de cuatro letras de Dios y en el nombre de Jesús, para comprender a un nivel más profundo la interconexión de Dios con toda la creación. Además de esto, la segunda parte también examina el papel de los ángeles dentro del proceso de creación y la sustancia elemental que se le da al hombre para moldear, dar forma y estructurar la creación conectándola con el nombre de Dios.

Parte 3: creando equilibrios

La tercera parte gira en torno a la armonización de conceptos aparentemente opuestos, tanto en nuestro interior como en el mundo, tales como la misericordia y el juicio, la vida y la muerte y la resurrección, la luz y la oscuridad, la provisión y la sequía. Consideremos las pinturas impresionistas; su propósito era capturar la luz, pero para retratar la luz necesitaban armonizar las sombras dentro de la pintura para crear algo de verdadera belleza. Cuando podemos armonizar estos componentes, hacemos que surja la belleza.

Agenda semanal

a.) Inspiración

Cada semana comienza con una descripción del tema de meditación de esa semana. El propósito es inspirar y expandir tu mente y tu corazón con estas descripciones y darte una idea de la belleza poética que encierra la creación y la forma en que Dios la ha creado.

b.) Declaraciones de identidad

Cada semana comienza con la creación de una declaración «Yo soy». Toda una sección de la primera parte está dedicada a la importancia de crear declaraciones «Yo soy» y a cómo crearlas, escribirlas y estructurarlas según el modelo que Jesús establece en los Evangelios. Estas afirmaciones y declaraciones son fundamentales para el crecimiento de la identidad y el establecimiento de la voluntad, para saber quién eres en lo más profundo de tu ser. El reino espiritual responde a lo que eres y no a lo que haces. Al escribir y pronunciar declaraciones sobre quién eres, estableces tanto a nivel consciente como inconsciente tu verdadera identidad, consolidándose como un faro magnético al que el mundo responde. Escribir estas declaraciones de «yo soy» te muestra cómo evoluciona tu identidad con el tiempo y te ayuda a mirar atrás y ver cómo Dios establece ese aspecto de tu identidad. De ahí pasas al siguiente aspecto.

c.) Planificador de meditaciones

Además de estas inspiraciones semanales, se proporciona un cuadro para ayudarte a planificar las meditaciones que desees hacer en la semana siguiente. El cuadro semanal se ofrece por dos motivos. La primera es definir el enfoque de la meditación de ese día. Aunque cada semana tiene un tema general, a veces hay aspectos específicos de ese tema en los que puedes querer centrarte, o una afirmación específica del «yo soy». Establecer el enfoque ayuda a fijar la intención antes de la meditación. El segundo propósito es ayudar a definir los aspectos específicos o la técnica de meditación en la que deseas crecer esa semana. Algunos ejemplos de ello son respirar y centrarse en estar en el presente, incorporar técnicas de relajación para mejorar la meditación, crear el cubo, recitar un versículo específico de la Biblia, cantar las letras del nombre de Dios y decir los nombres de Dios. Podría tratarse simplemente de aumentar el tiempo dedicado a meditar cada día en lugar de un tipo de meditación diferente. Hay infinitas posibilidades (para más ideas, consulta «The Ancient Quest» en Patreon). El valor del método de planificación semanal es ayudarte a hacer un seguimiento de tu práctica de meditación, para asegurarte de que el tipo de meditación está aportando valor y de que estás creciendo cada día.

Una vez más, es importante enfatizar que, aunque tener un plan de meditación inicial es valioso, cada persona es diferente. Algunos prosperan con una estructura, otros sienten la estructura como una falta de libertad. Lo importante es que tu meditación surja de tu relación con Dios y que te sientas libre para abrazar Su movimiento y crecer, dedicar tiempo y desarrollarte en el área que Dios esté resaltando en ese momento. Las indicaciones y la planificación son simplemente pistas y ayudan a definir el enfoque, pero nada supera el amor de Dios y Su camino único para ti y contigo.

Declaración de identidad

Soy... el reparador de mundos

lo cual implica (acción asociada)
que accedo a las profundidades de la divinidad y las traigo al mundo físico a través del amor y del gozo elevando a los que me rodean hacia el futuro.

DÍA	ENFOQUE	PLAN DE MEDITACIÓN
DOMINGO	armonizando a través de la belleza	4 inspirar; 6 expirar
LUNES	el Espíritu es el viento que modula las aguas	Juan 3:8
MARTES	el Espíritu Santo como algo que aumenta el fuego	Meditar en el nombre Hakodesh Ruach
MIÉRCOLES	respira para calmar las aguas del alma	Con los ojos de la imaginación respiro tranquilidad sobre las aguas
JUEVES	La respiración como vehículo para transportarnos entre los mundos	4 inspiraciones; 6 exhalaciones en ciclos de cuatro
VIERNES	La capacidad para calmar las aguas del nombre de Dios	Medita en cada una de las cuatro letras de uno de los nombres de Dios
SÁBADO	Juan 14:27; Crea una declaración yo soy sobre la paz	Juan 14:27

Anotaciones

LAS PÁGINAS DEL DIARIO

Y, por último, está el diario. La práctica fundamental del diario trata de responder a seis preguntas principales:

1. La pregunta/propuesta diaria

Cada día comienza con una pregunta para reflexionar sobre un aspecto concreto del tema semanal. Estas preguntas se crearon con la intención de incitar o animar a mirar de nuevo, a profundizar y a observar algo en lo que quizá no te habías fijado. También hemos creado preguntas adicionales al final de cada sección. Si las preguntas que hemos incluido no suscitan la exploración deseada, es posible que haya otra que te sirva mejor. No se trata de preguntas prescriptivas, sino de ideas que te ayudarán a comprender mejor. Puedes pensar en esta pregunta a lo largo del día, responderla en tu mente, en alguna sección del diario como la de lo que estoy notando, o en el área de escritura general (entendimiento espiritual), también puedes descartarla por completo. Es importante que hagas lo que te parezca correcto.

2. ¿Qué celebro hoy?

La gratitud es como el amanecer perpetuo. La celebración puede compararse a hacer que el sol salga a lo largo del día y la alegría exuberante es fundamental en la manifestación. Enfocándonos en la gratitud y la celebración al comienzo de nuestro día, establecemos la alegría y la satisfacción al comienzo de nuestra jornada. Expandimos nuestra alegría y nuestro amanecer a lo largo del día, provocando un estallido de novedad, un frescor alegre y un sonido de alabanza que recalibra el día. No necesitamos esperar a que pase algo grande o pequeño, podemos celebrarlo antes de que ocurra centrándonos en la resonancia vibratoria de la alegría.

3. ¿Qué estoy notando?

Se trata de aumentar la conciencia y la observación tanto de uno mismo como del entorno. Es un lugar de pensamiento sin prejuicios, una forma de entrar en contacto con lo que sientes. La clave es observar en lugar de transformar. Eres capaz de recibir más allá de las demandas y el ruido inmediatos. Al centrar tu atención en tus centros intuitivos, tus entrañas, tus sentimientos o tu corazón, a menudo eres capaz de discernir y sentir mucho más de lo que captan tus sentidos naturales. Al poner tu atención en ellos, añades valor a esos sentidos y les permites madurar y estar más en sintonía conforme pasa el tiempo.

Algunos ejemplos:

Hoy estoy notando ... una diferencia entre mi intuición y mis entrañas. Mi intuición actúa rápidamente y de forma constante mientras que mis entrañas se activan cuando algo está

relacionado con mi propósito en esta vida o cuando es un aviso. Mis entrañas suelen llevarme a orar mientras que mi intuición es más bien información que es bueno tener.

Hoy estoy observando ... un sonido de agua corriente y la sensación de una suave brisa fresca en mi rostro. Siento como si hubiera movimiento de agua en el mundo. También he notado un regusto amargo en mi boca y esto me suele pasar cuando están hablando de mi por detrás.

Al principio, lo que percibes puede que tenga que ver más contigo mismo, pero a medida que pasa el tiempo es posible situar las cosas que percibes en un contexto más amplio. A veces no es una indicación de tu propia emoción, sino más bien un discernimiento de algo que está sucediendo globalmente.

4. Meditación

Este diario es un diario de meditación, así que obviamente la meditación es un componente esencial. Tal vez no tengas tiempo para meditar, en cuyo caso podría ser un diario sobre un sueño profundo, o simplemente un momento que decidas anotar. Sin embargo, a mí me ha resultado muy útil anotar los distintos tipos de meditación que decido hacer en un día concreto. Ya sea simplemente respirar, repetir un nombre específico de Dios, repetir un versículo de la Biblia o decir letras hebreas específicas en diferentes formaciones. Si experimento mucha presencia de Dios durante una meditación concreta, puedo volver a ella y repetirla. Así puedo averiguar más tarde si hay algo en esa meditación que resuena con lo que soy. Si medito de una forma nueva, es bueno registrarlo y poder volver atrás en los próximos años y repetir esa forma de meditar. También es divertido probar cosas nuevas en tu práctica de meditación. ¿Dónde meditaste? ¿Meditaste a plena luz del sol o atenuaste las luces y pusiste música relajante? ¿Un entorno o una serie de condiciones específicas, tal vez comenzar con alabanza o leyendo la Biblia mejoran tu meditación?

5. Entendimiento espiritual

El entendimiento espiritual es el grueso de este diario y el propósito principal para crearlo. El objetivo de esta sección es escribir lo que has experimentado en la meditación. Hemos creado una serie de indicaciones específicas para este apartado con el fin de recordarte las cosas que podrías haber experimentado durante la meditación y aumentar la conciencia de todos tus sentidos espirituales y físicos. Por favor, ten en cuenta que no pasa nada si no has visto, sentido o encontrado nada. Puede que simplemente hayas tenido una reafirmación del amor de Dios. También está bien si todo lo que escribes es lo que te preguntabas en tu mente mientras meditabas o si veías luz y luego lo racionalizabas, todo está bien. No hay reglas para esto. Es tu diario, tus sentidos y tus pensamientos.

Si no hay nada concreto que te llame la atención, este puede ser el momento de considerar las preguntas que se plantean al principio de cada día.

Personalmente, hemos descubierto que al escribir las páginas en el diario de meditación, con frecuencia lo aparentemente pequeño que apenas capta el borde periférico de nuestra atención, quizás como una sensación de peso detrás de una palabra específica, se vuelve significativo en nuestro crecimiento con Dios y extremadamente importante en el desarrollo de nuestra conciencia. El mero hecho de reconocer lo aparentemente insignificante da a ese sentido perceptivo la validación y la confianza que necesita para crecer. Dice: «esto es lo suficientemente valioso como para llamar mi atención».

Al atribuir valor a través de la atención a algo que de otro modo sería sólo un pensamiento fugaz, olvidado y no recordado, lo marcamos con un signo de exclamación. Este signo de exclamación metafórico nos obliga a prestar más atención a ese sentido perceptor la próxima vez que reciba información, haciendo crecer posteriormente nuestra conciencia en el día a día y desarrollando nuestros sentidos espirituales y perceptores.

Algunos ejemplos:

- Sensaciones físicas (vista, oído, tacto, gusto, olfato)
- Sensaciones en el cuerpo (cosquilleo en las manos, cambios de temperatura, partes concretas del cuerpo están conectadas con cosas específicas, arquitectura neurológica)
- Los sentidos del alma (corazonadas, intuiciones, presentimientos o instintos)
- Patrones de comportamiento, heridas,
- Los sentidos espirituales (las letras hebreas, lo angélico, los sueños)

Al principio de cada sección se incluye una lista completa de sugerencias para el discernimiento espiritual.

6. Manifestación

Para ambos es muy importante que nuestra meditación sea relevante en nuestra vida cotidiana. Que seamos capaces de conducir o enfocar la energía o esencia que obtenemos de nuestros momentos íntimos con Dios hacia algo que dé forma, cambie o sane el mundo. Uno de los métodos que utilizamos para aumentar continuamente la conciencia de la presencia de Dios en nuestras vidas a lo largo del día es la visualización.

La clave para empezar esta visualización es describir el día que tienes por delante en pasado, como si ya hubiera ocurrido. Así, en lugar de «me gustaría hacer x, y o z», dirás que hoy he hecho 'x' y que ha sido una experiencia increíble, ya que he profundizado en mi relación con 'y' y he creado una sensación de intimidad. Mientras escribes sobre el día que tienes por delante en pasado, intenta visualizar cada momento. Intenta sentir cada sensación y cómo te sientes al final de tu increíble día. Intenta involucrar todos los sentidos que puedas durante este ejercicio.

La práctica de visualizar el día o diseñar el día es multifuncional. Te obliga a concretar tu voluntad, determinar tus prioridades y organizar tus pensamientos de forma que el día que creas lo represente. Te hace ejercitar tu concentración mental y te obliga a pasar tiempo en el lugar desde el que creamos; es crear un día y proyectarlo desde tu mente. También ayuda a que lo que has aprendido o experimentado en la meditación pase de ser una «información interesante» a algo tangible que repercute en tu vida diaria. Ahora ya no eres alguien que genera energía a través de la meditación, sino alguien que la dirige intencionadamente. Si decides diseñar tu día creando espacio para que habite la presencia de Dios, para que ocurran milagros y oportunidades inusuales, hará que tu conciencia interna aumente su capacidad de notar a Dios en cada momento y hará que te des cuenta de que la presencia de Dios tiene morada en ti a lo largo de tu vida diaria. Pruébalo y compruébalo por ti mismo.

¿Hay alguna diferencia entre la misericordia y la compasión?

Gratitud

Hoy celebro La bondad de la vida! La belleza de la naturaleza y el poder de estas cascadas y lo importante que es tomarse tiempo para disfrutar del ciclo de descanso y productividad. Permitir que el descanso y la belleza de este paisaje alimenten mi alma. Cada cascada que Joseph y yo hemos visto en este viaje es más intrigante, más detallada y más exquisita que la anterior. Como las profundidades claman a las profundidades en el rugido de Tus cascadas. Es un privilegio experimentar la belleza de este mundo!

Conciencia del yo

Hoy estoy notando Una especie de contención interna de la respiración; como si algo se estuviera tramando o planeando, algo turbio o inesperado. Como si se estuviera gestando algo que tal vez tenga un regusto negativo. La única palabra que puedo describir es una postura defensiva. He examinado a Joseph y mi propia vida y no parece que esté relacionado con nosotros; tal vez sea algo que se está gestando en el escenario mundial. Necesitaré sentarme con Dios en meditación y ver si hay algo que Él desea de mí o si esto es sólo una conciencia que Él desea que cultive. La misericordia es la fuente y la compasión son las corrientes que fluyen de la misericordia, pero quizás a veces el acto de lo que es verdaderamente misericordioso no se siente como una respuesta compasiva? Tengo que reflexionar más sobre esto.

Meditación

¿He seguido hoy mi ritual de meditación matutino? ☑ N

Hoy fue una meditación larga pero fue buena. Sentí que era importante cambiar mi meditación a la luz e infundir la luz de la Gloria de Cristo en todos los aspectos. Hice cuatro aspectos de la meditación. Hice algunos estiramientos con respiración para liberar mis hombros y aumentar la capacidad pulmonar, luego respiración pura, luego respiración con fosas nasales alternas para expandir mi capacidad. Después de esto hice una visualización de luz con los doce sistemas fisiológicos y luego continué con mi canto de diez minutos, creé una estructura de YHVH y comencé a enfocar toda mi atención en construir luz. Después de sentirme llena por la presencia de Dios, empecé a cambiar las estructuras hacia la luz y a infundir cada parte de mi ser (local) familiar (regional) y global con luz. En ese momento terminé mi rutina con una meditación en la que me puse en posición de mirar el rostro y reflejar la gloria que proyecta el rostro de Dios. El rostro pequeño que mira al rostro grande y viceversa.

Discernimiento espiritual

Durante la meditación de hoy, he sentido, visto, percibido, aprendido, experimentado ...

Hoy sentí la presencia de muchos ángeles durante mi meditación, especialmente durante mi mediación con el rostro. Tardé bastante en descender al lugar donde podía experimentar el resplandor del rostro sin ser oscurecido. Pienso que si no hubiera hecho todo ese trabajo previo de relajación y saturación, me habría costado acceder a ese lugar del rostro.

Al principio me sorprendió cuánta comprensión, conocimiento, emoción, pensamiento, deseo, intención y atención, etc., se expresaban a través de la luz radiante. Supongo que es a eso a lo que se refiere el versículo que dice que tendremos el poder de comprender el amor de Cristo y conocer este amor que sobrepasa el conocimiento. Lo que contenía la luz era tan plena y densa. Creo que tengo que ir a investigar un poco sobre el rostro pequeño (Zeir Ampin) y ver lo que otros han experimentado en este campo. El lugar en el que me encontraba cuando me topé con el rostro pequeño era casi como la primera piedra y estaba profundamente incrustada en las profundidades. Había una conexión entre el rostro y los ángeles que transmiten el resplandor de su gloria a la creación. Tendré que revisar esto más adelante. Además, si hay un rostro, debe estar unido a una cabeza? Qué hay detrás del pequeño rostro de Dios? Qué es lo que existe en la mente de ese rostro? Es la cara pequeña sólo un reflejo del rostro grande? O tiene una función específica?

También sentí cuando estaba haciendo la envoltura de vitalidad con cada sistema fisiológico que había mucha actividad, bloqueo en 3 puntos específicos en mi cuerpo físico. Dos de los cuales eran la interacción entre mi alma emocional y mi cuerpo físico, reconocí las emociones atrapadas les di las gracias y las honré y abrí cada punto para recibir el amor de Dios para que esa tensión pudiera ser liberada.

Sin embargo, el tercer punto parecía que no estaba relacionado conmigo, sino con esa sensación global de que alguien estaba cambiando algo a mayor escala. Moviendo una puerta global de algún tipo. Volveré a ese punto y lo abriré en la presencia de Dios durante la meditación de mañana, pero en ese momento invité a todos los ángeles de la sabiduría y al espíritu de la sabiduría y el entendimiento para que me mostraran de qué se trataba y por qué está específicamente conectado a esa parte de mi cuerpo....

Manifestación
Escribe sobre el día que quieres tener en pasado, como si ya hubiera ocurrido.

Hoy tuve un día extremadamente productivo. Fui capaz de trabajar en mis objetivos a largo plazo mientras disfrutaba del deleite y el favor de Dios a cada paso. Pasé una hora leyendo los últimos artículos de revistas clínicas de la mente y Dios me proporcionó muchos destellos de revelación de cómo sería eso en la práctica, hacia dónde se dirigían los resultados finales de cada uno de estos avances tecnológicos. Empecé a hacerme una idea de la medicina del futuro y de la capacidad del cerebro humano. Además pasé tiempo en la naturaleza, simplemente conectando con la belleza y permitiéndome descansar en el constante correr de las cascadas. Fui consciente de la presencia de dos ángeles específicos conectados con esta belleza y fui testigo de un fenómeno natural poco común. El resto del día lo pasé disfrutando de Joseph y Dios me mostró una nueva forma de celebrarlo. Mi día fue extremadamente intencional y en cada una de las actividades me sentí saturada por el deleite y el amor de Dios.

Espacio para dibujar

¿Cómo me motivo cuando no tengo ganas de hacer nada?

Gratitud
Hoy celebro Visión, provisión y acción

Conciencia del yo
Hoy estoy notando   Una verdadera falta de motivación, que sería la razón por la que estoy celebrando. Mientras lo celebro, recuerdo la bondad de Dios donde me he abierto paso antes y mientras me permito bañarme en esa bondad la motivación, la emoción y la alegría me invaden.

Meditación

¿He seguido hoy mi ritual de meditación matutino?

La meditación de hoy ha sido corta, rápida, directa y ha utilizado cantidades extraordinarias de energía en una dirección. Hice mis declaraciones en voz alta entre cada capa y fue efectivo.

Discernimiento espiritual
Durante la meditación de hoy, he sentido, visto, percibido, aprendido, experimentado …

Me vi abriéndome paso en nuevas áreas que antes estaban cerradas y las ideas inundaron inmediatamente mis pensamientos sobre cómo lograrlo fácil y rápidamente.

Cuando la estructura apareció a la vista, entré en ella y la construí de abajo a arriba y luego la abrí para que pudiera empezar a cruzarse con las declaraciones y lo que viene de arriba. A medida que los nombres se iban encerrando, las dimensiones se abrían y los ángeles se liberaban para ir a cumplir las declaraciones. Las ideas que inundaban mi cabeza procedían de mi yo superior, que estaba de pie frente a mí, reflejando mis movimientos dentro de la estructura. También era consciente de la presencia de varios ángeles que esperaban mis órdenes para actuar según lo ordenado.

Manifestación
Escribe sobre el día que quieres tener en pasado, como si ya hubiera ocurrido.

Esta mañana me he levantado despejado y descansado, con una visión clara de lo que tenía que pasar. Primero, café. Luego empecé a buscar las respuestas que necesitaba. Las respuestas llegaron claramente y moví los hilos adecuados para que sucedieran. Terminé a las tres y me fui al campo de golf. Tuve encuentros fantásticos mientras estaba en el campo que aportaron claridad y avances para los que me rodean y luego les envié un mensaje de texto esa noche para hacerles saber que había estado participando.

«Dios es quien me conduce y me eleva a ese estado. No voy a él por mí mismo, pues por mí mismo no sabría quererlo, desearlo ni buscarlo. Ahora estoy continuamente en este estado. Además, Dios me eleva muy a menudo a este estado sin necesidad, ni siquiera, de mi consentimiento; pues cuando menos lo espero, cuando no pienso en nada, de repente mi alma es elevada por Dios y domino y comprendo el mundo entero. Parece, pues, como si ya no estuviera en la tierra, sino en el cielo, en Dios».

Santa Ángela de Foligno

LA PRÁCTICA PERSONAL Y NUESTRA AVENTURA CON EL DIARIO

La práctica de escribir un diario siempre me recuerda a la diferencia entre un primer vistazo y una mirada concentrada. La primera mirada del novio a la novia puede ser abrumadora, un torrente de emociones y una belleza cegadora que brota de su corazón. Del mismo modo, ese primer vistazo a un amanecer parece casi demasiado brillante y resplandeciente cuando se ve desde unos ojos adormilados, pero es la segunda mirada, la mirada sostenida, la que te hace ir más despacio y absorber todos los detalles, los colores pastel del amanecer perpetuo, la radiante belleza de lo que se presenta e incluso más tarde, cuando reflexionas sobre ese momento, te permite situar ese recuerdo en su contexto más amplio para acceder a su significado. Al elegir revisitar ese momento, le das valor dentro del contexto más amplio de tu vida. Este es el arte de escribir un diario y la belleza que se deriva de la reflexión.

Llevar un diario y el arte de reflexionar ha tomado diversas formas a lo largo de mi vida. Mi decisión inicial de llevar un diario comenzó en la escuela secundaria, cuando no quería olvidar la belleza que estaba experimentando en mi relación con Dios. Era una práctica de recuerdo, que se convirtió en una práctica de gratitud y expresión de amor a Dios. En la universidad, la reflexión era una parte fundamental para desarrollar el razonamiento clínico y mejorar la forma, los métodos y la eficacia de los tratamientos para los pacientes. Con el tiempo ha evolucionado de ser sólo un método escrito, a incorporar memorias de viajes, conversaciones impactantes y preguntas que invitan a la reflexión.

Como persona extremadamente centrada en los resultados, impulsada por la contribución, la creación sostenible y el avance de la humanidad, la función actual de escribir un diario es ayudarme a mantener la fase «disfruta del viaje» en el primer plano de mi mente para no tropezar con mis propios pies mientras me propulso hacia el destino deseado. Es un recordatorio constante de que debo disfrutar de la aventura de la vida, soñar con amplitud mientras respiro hondo para que la realidad actual sea igual de deliciosa y satisfactoria. Escribir un diario es una de las formas que me ayudan a intensificar mi deleite en el camino luminoso también llamado viaje.

En mi relación con Joseph, reflexionar y prestar atención a las cosas que podrían haberse considerado aparentemente sin importancia nos ha proporcionado piezas críticas del rompecabezas y una visión oportuna. Ambos nos tomamos tiempo para compartir y contemplar sueños, experiencias y encuentros. A través de preguntas cuidadosamente elaboradas, hemos utilizado el arte de la reflexión verbal para crecer en nuestra relación con Dios, el uno con el otro, y hemos llegado a confiar cada vez más en las preguntas del otro como una forma de acceder a capas más profundas de misterio que quizá no se habrían descubierto si se hubieran descartado sin prestarles atención.

Esperamos que este diario cree dentro de ti una intencionalidad que haga que tus sentidos se sintonicen y estén alerta y atentos tanto a tu espíritu como a tu alma, para que conozcas las profundidades ocultas de belleza y deleite que se presentan en el viaje.

PARTE 1:

EL ALMA RADIANTE ILUMINADA

El resplandor del alma mística va más allá de la descripción y de la imaginación. Pocos han abordado siquiera el tema de la esencia ondulante y glorificada que fluye sin interrupción hacia arriba y hacia abajo de su magnificencia interconectada. ¿Quién es digno siquiera de empezar a describir la perfección que ha descendido de lo alto? ¿Quién conoce el perfecto diseño del intelecto y su entretejido con la divinidad? ¿Cómo puede ser que para considerar siquiera estas cosas uno deba darse cuenta de que no sabe nada y, sin embargo, no pueda vivir otro día sin saber todo lo que se pretendía que supiera? Como dijo un famoso rabino: «Él es el conocimiento, el conocedor y lo conocido». Contemplar estos misterios es a la vez un privilegio y un sufrimiento, ya que el final de un asunto es el comienzo de otro. Puede que la belleza de la divinidad reflejada en el alma nunca se alcance plenamente, pero no hay búsqueda más noble que enamorarse del proceso. Este es el viaje en el que estamos y este es el viaje que te presentamos: descubrir la belleza oculta en tu interior y enamorarte del Padre de la Luz, de Jesucristo y de la persona del Espíritu Santo a través del descubrimiento de cómo fuiste formado y modelado en su mente desde la eternidad.

APRENDIENDO A ESCRIBIR AFIRMACIONES YO SOY

¿Qué es una «afirmación yo soy»?

Una afirmación «Yo soy» es similar a una declaración pero está ligada a nuestra identidad que está arraigada en Cristo y continúa declarando las acciones subsecuentes que tomamos como resultado de nuestra identidad en Cristo. Una declaración «Yo soy» es extremadamente poderosa ya que el reino espiritual responde a quien eres no a lo que haces. El mundo nos ha enseñado que lo que producimos es de suma importancia, sin embargo esto no es verdad. Quien somos, debido a quien es Cristo (somos hechos justos porque Él es justo), es lo que el mundo espiritual reconoce.

Tres componentes de una afirmación «yo soy»

Para mayor claridad, ampliemos este concepto. Las afirmaciones Yo soy tienen tres componentes principales:

a.) Nuestra conexión con el gran Yo Soy

Comenzamos con el nombre de Dios «Yo Soy» y lo aplicamos de la manera que Jesús demostró en el libro de Juan. Cuando consideramos las palabras «Ehyeh Asher Ehyeh» de la forma más simplista, tiene dos definiciones básicas y una aplicación útil para nuestros propósitos. En primer lugar, significa: Yo soy el que soy. En segundo lugar significa: Seré lo que seré. Nuestra aplicación básica de esta definición es que «ya soy aquello en lo que me convertiré». Es una afirmación sobre el futuro y el pasado contenida en el presente. Es una identidad que elimina el tiempo de la ecuación, de modo que lo que se muestra en el presente es la expresión de la disposición que se necesita para esa ocasión concreta.

Con esta definición en mente, podemos empezar en el capítulo 6 de Juan y avanzar por todo su evangelio observando cómo Jesús enmarcó lo que demostró y demostró lo que enmarcó mediante declaraciones de «identidad».

• «Yo soy el pan de vida»

• «Yo soy el camino, la verdad y la vida»

• «Yo soy la luz del mundo»

• «Yo soy la resurrección»

• «Yo soy la puerta»

• «Yo soy el buen pastor»

Cuando Jesús enmarcaba su declaración de identidad siempre tenía que ver con lo que estaba demostrando o haciendo o en lo que se estaba convirtiendo en ese momento. Jesús se convirtió en la encarnación de sus declaraciones de identidad para poder lograr los milagros que realizaba. Se convirtió en la provisión que se necesitaba en esa circunstancia específica.

b.) La acción o disposición que se deriva de la identidad

Siguiendo observando las declaraciones de Jesús, es evidente que el «Yo soy» era sólo la primera parte de la declaración. La segunda parte era siempre un acto acompañante o calificativo de lo que hace el «Yo soy». «Yo soy el camino, la verdad y la vida» es la declaración de identidad. ¿Qué hace el «yo soy»? En este caso es «nadie viene al padre sino por mí». Observemos otra: «Yo soy el pan de vida». ¿Qué hace el «Yo soy» en este caso? «El que viene a mí nunca tendrá hambre y el que cree en mí nunca tendrá sed». Jesús dijo esto justo después de realizar un gran milagro relacionado con la comida. Puedes rastrear casi todos los milagros que Jesús hizo en el libro de Juan hasta una declaración de identidad en la que pronunció quién era «Él» y luego demostró lo que hace el «quien yo soy». Se convirtió en la encarnación de la resurrección para resucitar a Lázaro de entre los muertos.

c.) Consolidar nuestra identidad en Cristo

La identidad es primordial para la dirección en la que nos movemos como cuerpo. Es la plataforma que utilizamos para lanzarnos a reinos más elevados de nuestro destino y para expandir nuestra influencia como hijos. Estructura el entorno que nos rodea para asegurar que podemos operar como Dios desea y como nosotros deseamos. Da forma al mundo espiritual que nos rodea y viste a nuestra ayuda angélica con ropajes apropiados para alguien en nuestra posición. Se podría decir mucho más, pero por ahora te animamos a que empieces a explorar por ti mismo la posibilidad de lo que Dios ha provisto. Te dejaré con algunos ejemplos mientras continuamos y te animo a que propongas los tuyos propios:

Yo soy	se manifiesta en que
Yo soy Amor	Fluye de cada poro de mi ser y lo utilizo para ayudar a sacar adelante el destino de los demás
Yo soy Sabiduría	Me reúno con ella a diario y el éxito de negocio global gotea de mis dedos como la miel
Yo soy Conocimiento	Domino los misterios del cielo
Yo soy Rey	Lo que digo es

Ejemplos de afirmaciones de identidad

No hay límite para los ámbitos en los que se pueden hacer declaraciones de identidad: personal, familiar, profesional, etc. Pronunciar una declaración de identidad como esta al final de tu tiempo de meditación impulsará a la fuerza angélica que te rodea a entrar en acción trayendo los recursos necesarios y la revelación hacia ti para que tu plataforma de lanzamiento de identidad pueda crecer y tu relación con nuestro Padre amoroso gane profundidad.

PREGUNTAS ADICIONALES PARA GANAR ENTENDIMIENTO ESPIRITUAL

1. Entendimiento, intuición y revelación

- ¿Qué revelación he obtenido de la meditación?
- ¿Qué he entendido de nuevo?
- ¿Sentí que lo que había aprendido era algo nuevo o un recuerdo?
- ¿Qué pensamientos creativos o inspirados he tenido durante la meditación?
- ¿Qué sabiduría o conocimiento he obtenido con mi meditación?
- ¿Cómo ha cambiado mi perspectiva sobre una situación gracias a la meditación?
- Como resultado de mi meditación, ¿sentí una sutil inclinación a cambiar algo en respuesta al amor de Dios? ¿He percibido algo dentro de mí que necesitaba cambiar, crecer, ser desechado o desarrollado?
- ¿Ha habido algo concreto que identificara durante la meditación y en lo que me gustaría profundizar más adelante?

2. Percepción

- En algún momento de la meditación, ¿he tenido la sensación de que alguna palabra, oración, versículo bíblico o pensamiento concretos tuviera un peso especial?
- Cuando pronuncié los nombres de Dios, invoqué la sangre de Jesús o me conecté con el Espíritu Santo, ¿sentí el peso de Dios en mi meditación?
- Durante la meditación, ¿he tenido una impresión o percepción de algo fuera de mí? ¿Quizás una sensación de algo en la atmósfera? ¿Quizás la sensación de algo a nivel global?
- Cuando medito, ¿puedo percibir a los demás en el ambiente? ¿Puedo percibir el impacto de la Iglesia? ¿Siento lo mismo todos los días de la semana? ¿Ciertos días de mi zona son diferentes? Si hay varias frecuencias, ¿puedo separarlas y determinar cuál es la más fuerte y cuál la más débil? ¿Cuál me atrae? ¿Cuál me aleja?

3. Visión espiritual

- ¿Dónde está Jesús en medio de mi meditación?
- ¿Cómo está presente el Espíritu Santo en mi meditación?
- ¿He visto ángeles o seres, personas de la Nube de los Testigos, aspectos del Espíritu Santo o tal vez un aspecto de la creación anterior a la caída? ¿Un recuerdo contenido en la llama de Dios?
- ¿He conectado con personas de la Nube de los Testigos, rabinos, sacerdotes,

místicos de antaño; dignatarios, reyes o nobles; o personas concretas de su propia genealogía?

- ¿Encontré civilizaciones o ciudades antiguas, culturas originales o eternas?

Sensación de movimiento

- Durante la meditación, ¿he visto alguna luz intermitente? ¿Hubo algún color? ¿Hay algún aspecto específico de la meditación con el que se asocien estas luces?
- ¿He visto un destello de alguna imagen concreta suspendida en el espacio?
- ¿Podré retomar lo que he visto en otro momento?
- ¿Hay algo que siempre veo en la meditación y que doy por sentado que es normal?
- ¿He visto algo inusual en la meditación que no entiendo pero que necesito describir?
- ¿Dónde está la zona gris o el área que no puedo ver? ¿Puedo centrarme en ella e ir más allá de lo desconocido y lo que no se ve?

4. Sensaciones

- Durante mi meditación, ¿percibí movimiento? ¿Sentí que algo pasaba a mi lado? ¿Entraba o salía de la habitación? ¿Movimientos giratorios, en círculos, en espiral?
- Cuando medito sobre cosas que van más allá de mí mismo, ¿hay algún ámbito (espiritual, global, nacional) en el que perciba movimiento?
- ¿Hubo algún sentimiento predominante durante la meditación? ¿Ese sentimiento proviene de mí y de las cosas que están sucediendo en mi vida? ¿La atmósfera que me rodea o algo externo (tal vez otra persona proyectando sus sentimientos, el Espíritu Santo aportando una sensación de paz y consuelo?)
- Durante la meditación, ¿hubo algo específico que me hizo sentir más tranquilo y relajado? ¿Seguro?
- ¿En algún momento de mi meditación me conecté con el intenso deleite de Dios? ¿En relación con qué? ¿Soy consciente de los sentimientos de Dios? ¿Deleite? ¿Alegría exuberante? ¿Compasión? ¿Bondad?
- Cuando medito en los nombres de Dios, ¿me provocan un sentimiento específico? Cuando encuentro un ángel, un ser o un miembro de la Nube de los Testigos o una letra de luz específica, ¿experimento un sentimiento específico?
- Cuando siento algo, ¿puedo volver mi corazón hacia ello y ver qué es o qué está causando ese sentimiento?
- ¿Cómo me sentía antes de meditar y cómo me sentí después de meditar? ¿Hubo algún cambio? ¿Cuánto dura esa sensación después de terminar la meditación? ¿Se disipa inmediatamente? ¿Se mantiene a lo largo del día? ¿Puedo volver atrás y acceder a esa sensación si necesito refrescarme y recordar?

5. Sensaciones auditivas

- ¿Puedo oír sonidos cuando medito? ¿Inaudibles o audibles? ¿Música o voces?

- Los Salmos hablan a menudo del sonido asociado a los fenómenos naturales, como el correr de las aguas, el ímpetu del viento, el crepitar del fuego? ¿Tiene sonido la tierra que piso? ¿Oigo alguna vez el sonido asociado al trueno o a otros fenómenos naturales?

- ¿Oigo alguna vez sonidos asociados al movimiento? ¿Crujidos, silbidos?

- ¿Existe algún aspecto específico de la meditación o de la postura o el lugar en el que medito que esté relacionado con un sonido concreto? ¿Ese sonido está relacionado con la sanidad? ¿El trono? ¿El canto de los ángeles? ¿Está presente la música de las esferas?

- ¿La frecuencia que oigo está en un punto concreto o impregna la atmósfera?

- ¿Puedo determinar de qué dirección proceden los sonidos? ¿Sólo veo y oigo lo que tengo delante?

- ¿Qué aumenta el sonido? ¿Qué disminuye el sonido? Si te inclinas hacia tu corazón, ¿aumenta el sonido o el sonido de las aguas de tu corazón enturbia el sonido que estás oyendo?

- ¿Hay sonidos asociados a otras personas? ¿Amigos, familiares, seres queridos?

- ¿Y la música relacionada con culturas antiguas? ¿Me he encontrado alguna vez con estos sonidos? ¿O música asociada a distintos lugares geográficos?

6. Sensaciones olfativas y gustativas

- Cuando medito, ¿huelo alguna fragancia en algún momento de la meditación? ¿Es dulce? ¿Es afrutado? ¿Es vegetal? ¿Es floral? ¿Es más antiguo como los libros viejos y polvorientos? ¿Es medicinal como el eucalipto? ¿Es amaderado, como el abeto o el cedro? ¿O de monasterio, como el incienso?

- ¿Cuándo se producen las fragancias en mi meditación? A menudo, durante los momentos de gratitud silenciosa, las personas han informado de un aumento del sentido del olfato. ¿Te ha ocurrido alguna vez?

- ¿En mi vida cotidiana experimento o encuentro alguna vez una fragancia? ¿Coincide o complementa las fragancias que encuentro en mi meditación?

- ¿Alguna vez noto un sabor dulce o amargo durante la meditación?

7. Físico

- ¿En qué parte de mi cuerpo siento la presencia de Dios? ¿Era perfectamente consciente de alguna de las partes de mi cuerpo? ¿Quizás mi corazón? ¿Mi columna vertebral? ¿Las rodillas?

- ¿He sentido una sensación de calor, de acumulación de energía o de hormigueo en algún momento de la meditación? ¿Qué estaba haciendo en ese momento?

- Diferente al calor energético, ¿sentí tal vez un aire fresco o una brisa? ¿Un movimiento líquido acuoso o una sensación de calor ardiente?

- ¿Cuál es mi postura preferida para meditar? ¿Sentado, tumbado, de pie?

¿Hay alguna diferencia cuando cruzo las piernas y los brazos? ¿Hay alguna diferencia cuando medito con las manos hacia arriba? ¿Hay alguna diferencia cuando coloco la mano sobre el corazón?

- ¿Soy consciente de la energía que fluye por mi cuerpo? Durante la meditación, ¿he notado algún bloqueo en el flujo de energía? Durante la meditación, ¿he notado que la respiración recorría fácilmente todo el cuerpo?

- ¿Puedo cambiar el lugar desde el que respiro? ¿Cambia eso lo que soy capaz de percibir o el tipo de cosas que percibo?

- Los sentimientos a veces se reflejan como colores a nivel del cuerpo cuando la emoción se almacena en una parte específica del cuerpo. Cuando medito, ¿conecto sentimientos y colores? ¿Veo colores específicos que residen en partes concretas de mi cuerpo? ¿Puedo cambiar o intensificar los colores que residen en distintas partes de mi cuerpo?

- ¿Soy consciente de los lugares de mi cuerpo físico que funcionan como puertas espirituales? ¿Soy consciente de estas puertas? ¿Siento cuando estas puertas están cerradas? ¿Están conectadas con Dios? ¿con otras personas?

Conciencia de uno mismo y conexión

- Durante mi meditación, ¿sentí un fortalecimiento de mi conexión con Dios, con la vida de Cristo y con la esperanza de Cristo dentro de mí? Si comulgué durante la meditación, ¿experimenté una sensación de conexión con la profundidad del amor de Cristo que se encuentra en la sangre de Jesús y con la voz de la sangre de Jesús que habla por nosotros?

- ¿Experimenté una conexión con la sabiduría de Dios o la comprensión, la misericordia o la fuerza de Dios? ¿Una mayor sensación de confianza y fuerza interior como resultado de mi conexión con Cristo? (Todo lo puedo en Cristo que me fortalece).

- Durante la meditación, ¿sentí que el amor, la vida y la luz de Dios crecían dentro de mí y se expandían hacia fuera? ¿Me he sentido renovado durante la meditación?

- ¿Aumentó mi meditación mi conciencia de la belleza única que aporto a la creación? ¿Un aspecto concreto de mí mismo o de mi identidad? ¿Ha establecido algo concreto en mi vida?

- Mi meditación, ¿ha aumentado mi conciencia de mi propia voz y sonido dentro de la creación?

Yendo más allá

- ¿Cómo honro lo que he visto, oído, olido, saboreado, sentido o percibido durante mi meditación? ¿Lo descarto como fantasía y lo tiro a la basura? ¿Lo traigo a Jesús y permito que lo sostenga en un lugar de amor y conexión?

- ¿Qué aspectos de mi meditación necesito revisar? ¿Llevarlos conmigo a la próxima meditación? Puede tratarse de una técnica de meditación concreta que haya suscitado un nuevo enfoque o de un nuevo enfoque en el que haya que centrarse para seguir avanzando.

UNA CREACIÓN ÚNICA Y EXQUISITA

Eres el ser más único y exquisito de la creación. Sin igual, te eriges como el pináculo de la obra de Dios. La creación suprema del creador omnipotente nacida en las profundidades de su mente, llevando toda la atención de Su Corazón. Este Padre amoroso y Su hijo Jesucristo no sólo han sentado un precedente para identificarte, sino también una norma y un ejemplo. Cuando llegue inevitablemente la pregunta de «¿Quién eres?», sólo hay una respuesta. Yo soy. A modo de ilustración, y para que se te quede grabada en la mente, la siguiente pregunta es: «¿Qué eres tú?». La respuesta a esa pregunta no es sólo la acción de la identidad, sino las líneas fronterizas por las que se guiará tu vida.

¿Con quién se identifica Jesús en sus declaraciones? ¿Quién eres tú? ¿Qué dice la Biblia sobre ti y qué haces con ello? Esta semana el tema que nos gustaría introducir como parte de tu meditación es el siguiente: «Eres una creación única y exquisita». Yo soy único y exquisito, constantemente se me revelan nuevas dimensiones del Amor de Dios.

Para esta semana, nosotros nos hemos encargado de la parte «Yo soy», tú rellena el resto. ¿Qué dirección quieres que tome tu vida? ¿En qué aspectos de Dios quieres crecer? ¿A dónde quieres ir en tu propio lugar secreto con Dios? Estas afirmaciones se convierten en las llaves que abren la puerta a la intimidad con la que se sueña, pero que rara vez se consigue. Tu identidad se convertirá en la plataforma desde la que te lanzas para alcanzar las profundidades de Dios. La mayoría de las personas desean esto, pero pocas saben cómo hacerlo o están dispuestas a pagar el precio para crecer hacia ello. Que tu mente explote y tu mano esté lista para escribir.

Declaración de identidad

Soy...

_____

_____

lo cual implica (acción asociada)

_____

_____

_____

DÍA	ENFOQUE	PLAN DE MEDITACIÓN
DOMINGO		
LUNES		
MARTES		
MIÉRCOLES		
JUEVES		
VIERNES		
SÁBADO		

Anotaciones

_____

_____

_____

¿Cuándo fue la última vez que me mostré en la plenitud de lo que soy? ¿Qué aspecto tenía? ¿Qué sentí? ¿Qué me impulsó a mostrarme así?

Gratitud
Hoy celebro

Conciencia del yo
Hoy estoy notando

Meditación
¿He seguido hoy mi ritual de meditación matutino?   S N

Discernimiento espiritual
Durante la meditación de hoy, he sentido, visto, percibido, aprendido, experimentado …

Manifestación
Escribe sobre el día que quieres tener en pasado, como si ya hubiera ocurrido.

Espacio para dibujar

¿Quién es el tipo de persona que podría conseguir los resultados que quiero en mi vida? ¿Cómo es esa persona? ¿Cuáles son sus hábitos diarios? ¿Qué rasgos de su carácter, rutinas o actividades necesito desarrollar para convertirme en el tipo de persona que consigue los resultados que quiero?

Gratitud
Hoy celebro

Conciencia del yo
Hoy estoy notando

Meditación
¿He seguido hoy mi ritual de meditación matutino?   S N

Discernimiento espiritual
Durante la meditación de hoy, he sentido, visto, percibido, aprendido, experimentado ...

Manifestación

Escribe sobre el día que quieres tener en pasado, como si ya hubiera ocurrido.

Espacio para dibujar

¿Qué aspecto llamativo o atrevido de mi identidad quiero reivindicar o desarrollar? Profundiza. Puede que surja de un deseo o un sueño que me da demasiado miedo expresar.

Gratitud
Hoy celebro

Conciencia del yo
Hoy estoy notando

Meditación   S N
¿He seguido hoy mi ritual de meditación matutino?

Discernimiento espiritual
Durante la meditación de hoy, he sentido, visto, percibido, aprendido, experimentado ...

Manifestación
Escribe sobre el día que quieres tener en pasado, como si ya hubiera ocurrido.

Espacio para dibujar

El entorno que nos rodea se convierte a menudo en un espejo de las creencias, pensamientos y sentimientos que proyectamos desde nuestro mundo interior. ¿Hay creencias sobre mi identidad que pueda identificar y que se reflejen en mi situación/vida/entorno actual?

Gratitud
Hoy celebro

Conciencia del yo
Hoy estoy notando

Meditación   S N
¿He seguido hoy mi ritual de meditación matutino?

Discernimiento espiritual
Durante la meditación de hoy, he sentido, visto, percibido, aprendido, experimentado ...

Manifestación
Escribe sobre el día que quieres tener en pasado, como si ya hubiera ocurrido.

Espacio para dibujar

Encarnar mi verdadera identidad requiere tiempo y trabajo. ¿Cuáles son algunas de las prácticas que hago o quiero hacer actualmente que me ayudan a abrazar mi verdadero yo? Puede ser mentalmente (visualización/lectura), espiritualmente (declaraciones/meditación), emocional y físicamente.

Gratitud
Hoy celebro

Conciencia del yo
Hoy estoy notando

Meditación   S N
¿He seguido hoy mi ritual de meditación matutino?

Discernimiento espiritual
Durante la meditación de hoy, he sentido, visto, percibido, aprendido, experimentado ...

Manifestación
Escribe sobre el día que quieres tener en pasado, como si ya hubiera ocurrido.

Espacio para dibujar

¿Cómo honro la creación única que soy, la identidad que se forja en mí, la persona que soy? (Esto podría consistir en acciones como establecer límites, o en nutrir un aspecto específico de ti mismo...)

Gratitud
Hoy celebro

Conciencia del yo
Hoy estoy notando

Meditación   S N
¿He seguido hoy mi ritual de meditación matutino?

Discernimiento espiritual
Durante la meditación de hoy, he sentido, visto, percibido, aprendido, experimentado ...

Manifestación
Escribe sobre el día que quieres tener en pasado, como si ya hubiera ocurrido.

Espacio para dibujar

¿Qué creencias sobre mí mismo necesito mejorar para ser quien deseo ser? ¿Puedo crear una declaración «Yo soy» para consolidar mis nuevas creencias? ¿Cómo influyen estos nuevos aspectos de mi identidad en mis acciones?

Gratitud
Hoy celebro

Conciencia del yo
Hoy estoy notando

Meditación   S N
¿He seguido hoy mi ritual de meditación matutino?

Discernimiento espiritual
Durante la meditación de hoy, he sentido, visto, percibido, aprendido, experimentado ...

Manifestación
Escribe sobre el día que quieres tener en pasado, como si ya hubiera ocurrido.

Espacio para dibujar

EL ALMA DEL HOMBRE QUE ARDE EN LA LLAMA DE DIOS

Estás increíblemente interconectado con la Divinidad. Tanto que es «imposible escapar de Su amor». Situada perfectamente en la parte posterior de tu cabeza se encuentra la sede de tu espíritu. Oculto en este espacio sagrado está el misterio del enredo entre tú y Cristo. Es el lugar donde tu espíritu y Su espíritu se han convertido en un solo espíritu y también el lugar donde tu mente (intelecto) y la Suya se conectan. Esta llama Yechida es la «luz que brilla» y la «Vela del Señor». Es esta luz la que causa las pródigas energías radiantes del alma que estallan como colores de pintura resplandecientes, creando una brillantez casi poética e inspiradora a una existencia de otro modo vacía. Evocando los sentidos y empujándolos más allá de la apariencia externa de las interacciones diarias mundanas del hombre, transmutándolos en dispositivos de percepción receptiva capaces de llegar a la esencia de lo que yace debajo, la belleza oculta.

Es el alma del hombre, salvada por Cristo, valorada por Dios como un tesoro preciado que se satura y gotea con la luz luminosa de Cristo, avivada por la llama de Dios.   Es la mente de este hombre de nueva creación la que se vuelve brillante en su capacidad de infundir a sus creaciones e innovaciones la capacidad de producir vida. Cada pensamiento y semilla que se planta desde la ciudad de la mente infundida de luz se convierte en un faro en la colina de la creación, haciendo que los que pasan por allí experimenten los rayos resplandecientes de la esperanza. Cristo en nosotros la esperanza de gloria (Col 1:27). El buen samaritano de la innovación, la ciencia, la ingeniería y el genio reflexivo que dirige la compasión y el amor de Dios hacia toda la humanidad. Así es el intelecto saturado del alma.

Ahora la llama iluminadora se mueve más allá de la mente iluminada hacia las aguas radiantes del corazón del amado de Dios y comienza a reflejarse como un diamante; el espectro completo de los colores del arco iris. Este es el lugar donde las semillas de la mente se plantan y se combinan con la pureza de la intención del corazón. Este es el lugar donde los deseos del corazón y los pensamientos de la mente se unen. Cuando estas semillas de vida se envuelven en luz de tal forma que las emociones del alma danzan sobre las aguas radiantes deslumbrando lo mundano y añadiendo una cualidad reflectante al cuerpo. El alma elevada que abraza el movimiento de la luz y la danza de la luz produce un conjunto de luz que penetra en el ser interior de Dios mismo y no tiene igual imaginable. Las fragancias de la eternidad que nacen del corazón del hombre son lanzadas al dominio del Santo.

La semilla pasa de la mente iluminada a las aguas radiantes del corazón del amado de Dios y refleja como un diamante todo el espectro de colores del arco iris. Este es el lugar donde las semillas se unen con la pureza de la intención del corazón y las emociones que deslumbran lo mundano y añaden calidad reflectante al cuerpo. No eres un místico más; eres el deseo encarnado de la divinidad.

Esta semana la meditación es sencilla. Estamos celebrando la maravillosa alma radiante del ser humano infundida por la llama de Dios.

Declaración de identidad

Soy...

_____

_____

lo cual implica (acción asociada)

_____

_____

_____

DÍA	ENFOQUE	PLAN DE MEDITACIÓN
DOMINGO		
LUNES		
MARTES		
MIÉRCOLES		
JUEVES		
VIERNES		
SÁBADO		

Anotaciones

_____

_____

_____

Mientras te asomas al misterio de tu interconexión y entrelazamiento con Cristo, contemplando que no hay separación del amor de Dios (Romanos 8), mirando fijamente a la llama de amor de la que fue cortado tu espíritu, considera: ¿qué hay a tu disposición en esta llama? ¿Qué es la esperanza de gloria?

Gratitud
Hoy celebro

Conciencia del yo
Hoy estoy notando

Meditación
¿He seguido hoy mi ritual de meditación matutino?   S N

Discernimiento espiritual
Durante la meditación de hoy, he sentido, visto, percibido, aprendido, experimentado ...

Manifestación
Escribe sobre el día que quieres tener en pasado, como si ya hubiera ocurrido.

Espacio para dibujar

Imagino que soy un roble justo en una vasta extensión. Un fuego desciende del cielo, comenzando en la parte posterior de mi cabeza, la rama más alta se abre camino hacia abajo por todo el árbol hasta que todo el árbol está en llamas por el fuego de Dios. ¿Qué significa para mí personalmente estar en llamas, exudando vida y luz radiante por todos los poros de mi ser?

Gratitud
Hoy celebro

Conciencia del yo
Hoy estoy notando

Meditación   S N
¿He seguido hoy mi ritual de meditación matutino?

Discernimiento espiritual
Durante la meditación de hoy, he sentido, visto, percibido, aprendido, experimentado …

Manifestación
Escribe sobre el día que quieres tener en pasado, como si ya hubiera ocurrido.

Espacio para dibujar

¿Qué significa ser una nueva creación, algo completamente distinto de lo que se hizo antes? ¿No una versión mejorada, sino un hombre compuesto no sólo de cuerpo y alma, sino de cuerpo, alma y espíritu? ¿Qué significa «lo viejo se ha ido y lo nuevo ha llegado» en todos los aspectos de mi vida? ¿Qué pautas de comportamiento, pensamiento y creencias cambian al abrazar mi identidad de hombre nuevo, inseparable del amor de Dios?

Gratitud
Hoy celebro

Conciencia del yo
Hoy estoy notando

Meditación   S N
¿He seguido hoy mi ritual de meditación matutino?

Discernimiento espiritual
Durante la meditación de hoy, he sentido, visto, percibido, aprendido, experimentado ...

Manifestación
Escribe sobre el día que quieres tener en pasado, como si ya hubiera ocurrido.

Espacio para dibujar

El alma se compone de cinco aspectos. ¿Qué significa que los componentes «mente» y «corazón» de mi alma estén saturados y rebosantes de la abundancia, la plenitud, la riqueza de la vida de Cristo y la llama de Dios?

Gratitud
Hoy celebro

Conciencia del yo
Hoy estoy notando

Meditación   S N
¿He seguido hoy mi ritual de meditación matutino?

Discernimiento espiritual
Durante la meditación de hoy, he sentido, visto, percibido, aprendido, experimentado ...

Manifestación
Escribe sobre el día que quieres tener en pasado, como si ya hubiera ocurrido.

Espacio para dibujar

¿Qué significa que los componentes «intuitivo», «físico/instintivo» y «creativo/sexual/productivo» de mi alma se saturen de la riqueza abundante y plena de la vida de Cristo y se enciendan con la llama de Dios?

Gratitud
Hoy celebro

Conciencia del yo
Hoy estoy notando

Meditación
¿He seguido hoy mi ritual de meditación matutino?   S N

Discernimiento espiritual
Durante la meditación de hoy, he sentido, visto, percibido, aprendido, experimentado ...

Manifestación
Escribe sobre el día que quieres tener en pasado, como si ya hubiera ocurrido.

Espacio para dibujar

Considera la frase «deseo envuelto de divinidad». ¿Qué significa para mí personalmente ser el deseo envuelto de la divinidad? ¿Qué se siente? ¿Hay alguna parte que se resista a este tipo de amor? ¿Qué respuesta evoca en mí? ¿El hecho de conocer este tipo de amor afecta a mi identidad actual?

Gratitud
Hoy celebro

Conciencia del yo
Hoy estoy notando

Meditación
¿He seguido hoy mi ritual de meditación matutino?   S N

Discernimiento espiritual
Durante la meditación de hoy, he sentido, visto, percibido, aprendido, experimentado ...

Manifestación
Escribe sobre el día que quieres tener en pasado, como si ya hubiera ocurrido.

Espacio para dibujar

Después de pasar una semana contemplando el misterio del entrelazamiento divino entre Cristo y yo, reflexionando sobre cada aspecto de mi alma y mirando en la profundidad del amor que infunde constantemente mi ser, ¿qué respuesta evoca esto hacia Dios? ¿Qué acción, qué sentimientos o deseos suscita en mí esta comprensión del amor?

Gratitud
Hoy celebro

Conciencia del yo
Hoy estoy notando

Meditación
¿He seguido hoy mi ritual de meditación matutino?   S N

Discernimiento espiritual
Durante la meditación de hoy, he sentido, visto, percibido, aprendido, experimentado ...

Manifestación

Escribe sobre el día que quieres tener en pasado, como si ya hubiera ocurrido.

Espacio para dibujar

ARMONIZAR MI MUNDO INTERIOR PARA EXPANDIR MI ESENCIA Y AUMENTAR MI IMPACTO

Los sistemas de energía de tu alma son los instrumentos de manifestación dentro de la creación específicamente diseñados para ti. Cada individuo tiene una mezcla diferente que depende de su voluntad, entorno y una serie de otras condiciones y elecciones. Cada persona sobre la faz de la Tierra tiene una elección en cuanto a cómo combinar las energías y a cuáles permitir tener el control. La meditación es una herramienta fantástica para empezar a armonizar las energías del alma y te ayudará enormemente a empezar no sólo a comprenderte a ti mismo de una manera más completa, sino también a empezar a cambiar la atmósfera de tu entorno inmediato.

La armonía de tu alma es clave para muchas áreas de tu vida. Este aspecto puede ser profundamente espiritual o no serlo en absoluto. Por ejemplo, uno de los mayores regalos de la energía armonizada del alma es la felicidad general. Las personas que han aprendido a equilibrar la energía o que están naturalmente orientadas hacia una energía más equilibrada tienen una vida, en términos generales, más feliz. Ni siquiera en medio de las dificultades tienen altibajos severos como la rabia o depresión, la inadecuación sexual o los errores que se asocian comúnmente con las etapas difíciles. Tener una energía armonizada conduce a una toma de decisiones mejor y más eficaz y también da una plataforma para que el individuo se mueva en muchas direcciones.

La mayoría de las personas que logran mucho en su vida no son personas «equilibradas». Suelen ser excepciones a toda regla y se mueven en direcciones extremas con frecuencia. Esto conduce a todo tipo de avances y a todo tipo de problemas al mismo tiempo. Estar armonizado en la energía de tu alma te permite empezar y volver al lugar equilibrado. Esto no quiere decir que estés equilibrado en todo momento. Dicho con más precisión, quien puede armonizar la energía de su alma eficazmente también puede entrar y salir de los extremos eficazmente dependiendo de la situación y la necesidad.

El aspecto más importante de la armonización de la energía para el alma es la voluntad. Tu voluntad es el timón de tu barco espiritual, es la llave que acompaña al amor y a través de la pasión y el deseo desbloquea tu destino. Claire y yo pasamos mucho tiempo ejercitando nuestra voluntad sobre las energías de nuestra alma. Es una disciplina en lo que el libro de Gálatas llama «autocontrol». El dominio de este aspecto de tu vida crecerá perpetuamente en un mayor impacto dentro de tu esfera de influencia.

Declaración de identidad

Soy...

_____

_____

lo cual implica (acción asociada)

_____

_____

_____

DÍA	ENFOQUE	PLAN DE MEDITACIÓN
DOMINGO		
LUNES		
MARTES		
MIÉRCOLES		
JUEVES		
VIERNES		
SÁBADO		

Anotaciones

_____

_____

_____

¿Cómo se siente la esencia de lo que eres? ¿Qué produce? ¿Qué hace que la esencia de tu alma se expanda o se sienta con más fuerza? ¿Qué hace que se encoja y pierda impacto?

Gratitud
Hoy celebro

Conciencia del yo
Hoy estoy notando

Meditación   S N
¿He seguido hoy mi ritual de meditación matutino?

Discernimiento espiritual
Durante la meditación de hoy, he sentido, visto, percibido, aprendido, experimentado ...

Manifestación
Escribe sobre el día que quieres tener en pasado, como si ya hubiera ocurrido.

Espacio para dibujar

La esencia del alma es lo que existe por debajo de todas las capas de preferencias y prejuicios que se han colocado sobre ella. ¿Cómo oscurecen la esencia de mi alma las cosas que he llamado aficiones, gustos y aversiones, personalidad, etc.? ¿Mis declaraciones de identidad se basan en mi personalidad o en la esencia de lo que soy?

Gratitud
Hoy celebro

Conciencia del yo
Hoy estoy notando

Meditación S N
¿He seguido hoy mi ritual de meditación matutino?

Discernimiento espiritual
Durante la meditación de hoy, he sentido, visto, percibido, aprendido, experimentado ...

Manifestación
Escribe sobre el día que quieres tener en pasado, como si ya hubiera ocurrido.

Espacio para dibujar

Considerando los cinco aspectos del alma que componen mi esencia (intelectual, intuición, emocional, físico o sexual/creativo) ¿cuál es el aspecto más predominante de mi alma? ¿Qué aspecto utilizo para modular otros aspectos? (Por ejemplo, salir a correr cuando me siento emocional sería utilizar el aspecto físico para modular el componente emocional).

Gratitud
Hoy celebro

Conciencia del yo
Hoy estoy notando

Meditación   S N
¿He seguido hoy mi ritual de meditación matutino?

Discernimiento espiritual
Durante la meditación de hoy, he sentido, visto, percibido, aprendido, experimentado ...

Manifestación
Escribe sobre el día que quieres tener en pasado, como si ya hubiera ocurrido.

Espacio para dibujar

¿Cómo cultivo y hago crecer o madurar mi alma? ¿Es algo que persigo activamente o es algo impulsado por circunstancias externas? ¿Qué conjunto de «reglas» o condiciones determinan si voy a aceptar algo para beneficiar a mi alma o utilizar técnicas espirituales para eliminar esa cosa de mi vida?

Gratitud
Hoy celebro

Conciencia del yo
Hoy estoy notando

Meditación   S N
¿He seguido hoy mi ritual de meditación matutino?

Discernimiento espiritual
Durante la meditación de hoy, he sentido, visto, percibido, aprendido, experimentado ...

Manifestación
Escribe sobre el día que quieres tener en pasado, como si ya hubiera ocurrido.

Espacio para dibujar

¿Noto en mi mente destellos de intuición que recibo de Dios? ¿Olvido la mayoría de mis intuiciones? ¿Refleja mi intuición, mi propia perspectiva y mis prejuicios personales o proviene de algo externo a mí?

Gratitud
Hoy celebro

Conciencia del yo
Hoy estoy notando

Meditación   S N
¿He seguido hoy mi ritual de meditación matutino?

Discernimiento espiritual
Durante la meditación de hoy, he sentido, visto, percibido, aprendido, experimentado ...

Manifestación
Escribe sobre el día que quieres tener en pasado, como si ya hubiera ocurrido.

Espacio para dibujar

¿Me traen las aguas y emociones de mi alma paz y refrigerio? ¿Disfruto de mis emociones o las desprecio? ¿Me hacen sentir desequilibrado? ¿Cómo puedo utilizar la respiración para calmar las aguas de mi alma?

Gratitud
Hoy celebro

Conciencia del yo
Hoy estoy notando

Meditación
¿He seguido hoy mi ritual de meditación matutino?   S N

Discernimiento espiritual
Durante la meditación de hoy, he sentido, visto, percibido, aprendido, experimentado ...

Manifestación
Escribe sobre el día que quieres tener en pasado, como si ya hubiera ocurrido.

Espacio para dibujar

A menudo se compara el alma con un cuadro, lleno de colores y no hay dos almas iguales. Tómate un momento para considerar la belleza del alma y su expresión. Tal vez haya un deleite agradecido en la singularidad de mi propia alma, que me hace desear sentarme y compartir con Dios. Tal vez sea el alma de los miembros de la familia, de los amigos, de los colegas o incluso la macroperspectiva de la belleza del ser humano dentro de la creación. Sea cual sea el cuadro que desees contemplar, tómate un momento para disfrutarlo con Dios.

Gratitud
Hoy celebro

Conciencia del yo
Hoy estoy notando

Meditación ⬜ S ⬜ N
¿He seguido hoy mi ritual de meditación matutino?

Discernimiento espiritual
Durante la meditación de hoy, he sentido, visto, percibido, aprendido, experimentado ...

Manifestación
Escribe sobre el día que quieres tener en pasado, como si ya hubiera ocurrido.

Espacio para dibujar

EL PROPÓSITO DE MI VIDA

«Si alguna vez cuentan mi historia, que digan que caminé con gigantes. Los hombres se levantan y caen como el trigo en invierno, pero estos nombres nunca morirán». Troya (la película)

Toda vida humana tiene un propósito o destino, una forma de contribuir al progreso de la humanidad. Es tan fundamental para nuestro ser que constituye una de las cuatro preguntas básicas de la vida humana. ¿Por qué estoy aquí? ¿Cuál es mi propósito? Muchas personas se harán esta misma pregunta una y otra vez en distintas coyunturas de su vida. Dependiendo de la fase de la vida, la pregunta puede ser diferente... Durante el bachillerato, esta pregunta se plantea en relación con la carrera. Al considerar la propia teología, se plantea como medio para relacionarse con la voluntad de Dios, la oración y la toma de decisiones. Al final de la vida, podría plantearse como un medio para comprender el significado personal... Pero la pregunta sigue siendo: ¿cuál es mi propósito y cuál es mi destino?

Algunos de los libros, películas, juegos de ordenador, etc. de más éxito giran en torno a esta cuestión en lo que se denomina el viaje del héroe. Se trata de un marco que consta de doce pasos que trazan el viaje del héroe hacia su destino, y dado que trata de sus luchas en el viaje no sólo en la superación sino también en la aceptación de su llamada del destino, que resuena con profundidad en su interior. El Señor de los Anillos es un gran ejemplo del viaje del héroe. En estas historias, los detalles del viaje y, a veces, los detalles del destino rara vez se conocen al principio de la búsqueda. Quizá sea porque si lo supiéramos todo desde el principio sobre el camino que tenemos que recorrer, nos sentiríamos abrumados y nunca emprenderíamos nuestra búsqueda.

Ahora bien, es bastante obvio que no todos los destinos son iguales y, como tales, su impacto no es el mismo. Consideremos los nacimientos ocurridos en la Biblia en los que estuvo presente el Ángel del Señor. Cada una de las vidas de esos niños cambió drásticamente el curso de la historia. Sin embargo, hay algo que decir sobre la llamada magnética a algo, ya sea el Ángel del Señor marcando tu vida o un conocimiento interno de identidad que te impulsa constantemente hacia un resultado inexplicable e incluso intangible con un magnetismo creciente. Hay algo en una persona cuya voluntad y propósito están alineados de tal manera que su propósito resuena en la totalidad de su ser haciendo que cada célula vibre con el conocimiento de quién es y de lo que aportará a la humanidad con su vida. Alejándose de los delirios de grandeza, estos individuos no se distraen fácilmente y tras lidiar con quiénes son y este llamado hacia su propósito, son capaces de llegar a lo más recóndito de lo que son y acceder a las reservas más profundas de su ser, de modo que puedan perseverar a lo largo del viaje para cumplir su propósito y su destino.

Y es desde este lugar desde donde partimos y comenzamos a contemplar, meditar y afinar el oído hacia el llamado que Dios ha puesto en cada una de nuestras vidas. Para explorar los rayos multiespectrales de la voluntad del Señor y la posibilidad infinita de lo que podría ser tangible en tu vida específica.

Declaración de identidad

Soy...

_____

_____

lo cual implica (acción asociada)

_____

_____

_____

DÍA	ENFOQUE	PLAN DE MEDITACIÓN
DOMINGO		
LUNES		
MARTES		
MIÉRCOLES		
JUEVES		
VIERNES		
SÁBADO		

Anotaciones

_____

_____

_____

¿Quién es la persona que me inspira o a la que admiro? ¿Qué tiene esa persona que me inspira? ¿Qué cualidades veo en ellos que deseo desarrollar en mi propia vida?

Gratitud
Hoy celebro

Conciencia del yo
Hoy estoy notando

Meditación
¿He seguido hoy mi ritual de meditación matutino?   S N

Discernimiento espiritual
Durante la meditación de hoy, he sentido, visto, percibido, aprendido, experimentado ...

Manifestación
Escribe sobre el día que quieres tener en pasado, como si ya hubiera ocurrido.

Espacio para dibujar

¿Considero el destino algo que se fija al nacer, predeterminado, o algo que puede cambiarse? ¿Pueden los justos determinar su propio pergamino, aventura o destino?

Gratitud
Hoy celebro

Conciencia del yo
Hoy estoy notando

Meditación   S N
¿He seguido hoy mi ritual de meditación matutino?

Discernimiento espiritual
Durante la meditación de hoy, he sentido, visto, percibido, aprendido, experimentado ...

Manifestación
Escribe sobre el día que quieres tener en pasado, como si ya hubiera ocurrido.

Espacio para dibujar

¿Qué importancia tiene el llamado en un destino? ¿Tiene que ser la voz audible o visible de Dios la que me llame a mi destino? ¿Es un conocimiento interior o tal vez es simplemente lo que deseo?

Gratitud
Hoy celebro

Conciencia del yo
Hoy estoy notando

Meditación   S N
¿He seguido hoy mi ritual de meditación matutino?

Discernimiento espiritual
Durante la meditación de hoy, he sentido, visto, percibido, aprendido, experimentado ...

Manifestación

Escribe sobre el día que quieres tener en pasado, como si ya hubiera ocurrido.

Espacio para dibujar

¿Cómo percibo la voluntad de Dios? ¿Es similar a una película donde cada pequeña decisión impacta en el destino y necesita ser llevada ante Dios? ¿Es más una cuestión de quién soy yo, como Su hijo, que ordena el camino?

Gratitud
Hoy celebro

Conciencia del yo
Hoy estoy notando

Meditación   S N
¿He seguido hoy mi ritual de meditación matutino?

Discernimiento espiritual
Durante la meditación de hoy, he sentido, visto, percibido, aprendido, experimentado ...

Manifestación
Escribe sobre el día que quieres tener en pasado, como si ya hubiera ocurrido.

Espacio para dibujar

¿Cuál es un ámbito o área de interés en el que puedo perderme durante horas? ¿Leyendo libros? ¿Hablar y no perder nunca el interés? ¿Por qué me siento así en esta área?

Gratitud
Hoy celebro

Conciencia del yo
Hoy estoy notando

Meditación
¿He seguido hoy mi ritual de meditación matutino? S N

Discernimiento espiritual
Durante la meditación de hoy, he sentido, visto, percibido, aprendido, experimentado ...

Manifestación
Escribe sobre el día que quieres tener en pasado, como si ya hubiera ocurrido.

Espacio para dibujar

¿Es lo mismo compasión que vocación? ¿Cuáles son las áreas que despiertan un sentimiento de apasionada indignación o de injusticia? ¿Se originan estos sentimientos desde un punto de compasión moral por la humanidad o desde una atracción magnética por mi destino?

Gratitud
Hoy celebro

Conciencia del yo
Hoy estoy notando

Meditación
¿He seguido hoy mi ritual de meditación matutino? S N

Discernimiento espiritual
Durante la meditación de hoy, he sentido, visto, percibido, aprendido, experimentado ...

Manifestación
Escribe sobre el día que quieres tener en pasado, como si ya hubiera ocurrido.

Espacio para dibujar

¿Qué significa para ti «destinado a la gloria»? ¿Cómo sería eso en tu propia vida? ¿Cómo afecta a tu destino o al propósito de tu vida con quién estás conectado?

Gratitud
Hoy celebro

Conciencia del yo
Hoy estoy notando

Meditación   S N
¿He seguido hoy mi ritual de meditación matutino?

Discernimiento espiritual
Durante la meditación de hoy, he sentido, visto, percibido, aprendido, experimentado ...

Manifestación

Escribe sobre el día que quieres tener en pasado, como si ya hubiera ocurrido.

Espacio para dibujar

PREGUNTAS ADICIONALES

Semana 1: Identidad

- ¿Cuál es la diferencia entre la identidad arraigada en la personalidad y la identidad arraigada en lo que soy en Cristo/esencia?
- ¿Hay aspectos de mi vida en los que siento que mi identidad está arraigada en cosas exteriores, como una crisis?
- ¿Quién dice Jesús que soy? ¿Cómo soy en el Espíritu? Si pudiera resumir mi esencia o mis valores en siete frases, ¿cuáles serían?
- ¿Qué hay de mi identidad basada en los papeles que desempeño? ¿Madre, padre, rey/reina, hijo, etc.?
- ¿Qué sucede en el espíritu cuando estoy en la plenitud de lo que soy en Cristo? ¿Cuál es el impacto de mis palabras y acciones en ese lugar?
- ¿Cuál es la interacción entre mi identidad y el Ángel de las Caras?
- ¿Cómo despejo las cosas que oscurecen esta interacción/reflexión?
- ¿Cómo responden los ángeles que rodean mi vida cuando funciono desde mi personalidad, en contraposición a mi identidad?
- Escribe declaraciones de identidad para tu vida personal, tu vida espiritual, tu negocio o carrera y tu vida familiar.

Semanas 2 y 3: El alma

Alma general y Celebración del alma

- ¿Cómo aumento la impregnación de la presencia de Dios y la saturación de Su luz en toda mi alma?
- ¿Qué deleita mi alma? ¿Qué le produce satisfacción? ¿Qué hace que se vuelva exuberante y viva?
- Si el tiempo y el dinero no tuvieran importancia, ¿qué experiencias anhelaría tu alma?
- Crea una declaración de identidad sobre el valor de tu alma.
- Efesios 4:11 describe 5 sistemas de energía: el apóstol, el profeta, el evangelista, el maestro y el pastor. Otra forma de verlos es el visionario, el estratega, el multiplicador, el formador y el nutridor. Otra forma de describirlos es: el generador, el manifestador,
- el reflector, el constructor y el proyector. ¿Cuál de estas descripciones te describe mejor? ¿Qué funciones te resultan más fáciles? ¿Cuáles son las más difíciles? ¿Cómo puedes entrenar todos estos aspectos en tu vida?

Haciendo madurar el alma

- ¿Cómo es un alma madura? ¿Cómo es MI alma madura?
- ¿Cómo reacciona? ¿Cómo reacciona en situaciones incómodas?
- ¿Qué prácticas o ejercicios hago para ayudar a madurar mi alma o espero a que las circunstancias externas la obliguen a madurar?
- ¿Qué medidas utilizo para seguir el progreso de mi alma?
- ¿Qué es capaz de hacer mi alma madura? Considera todas las películas locas de ciencia ficción y fantasía, la trans-reubicación, el viaje en el tiempo..., el

cielo es el límite. Usando la plenitud de mi imaginación, intenta imaginar cómo podría ser y qué podría hacer la madurez del alma.

- ¿Hay alguna diferencia entre un alma inmadura y un alma herida?
- ¿A quién consideraría un alma madura? ¿Qué aspecto tiene esto en su vida? ¿Qué tuvo que pasar para que su alma fuera madura? ¿Cuál fue el costo de la madurez?

Conciencia intelectual

- ¿Cómo es una mente centrada y una voluntad firme e inamovible? ¿Qué aspecto tiene en mi propia vida?
- ¿Qué prácticas diarias realizo para entrenar mi mente y mi concentración y fijar mi atención?
- ¿Cómo mejora esto mi meditación?
- ¿Cuál es la diferencia entre los procesos de pensamiento mecánicos y el pensamiento inspirado infundido por la luz? ¿Puedo identificar áreas en mi vida donde he formado mentalidades mecánicas opuestas a mentalidades de crecimiento?
- ¿Soy consciente de las áreas de mi pensamiento en las que el sentimentalismo prevalece sobre la verdad? ¿Dónde está mi perspectiva moldeada por mis prejuicios, personalidad, gustos y aversiones y apegos sentimentales? ¿Cómo limita esto mis interpretaciones, revelaciones y comprensión?
- El pensamiento se considera un lenguaje, un diálogo interno. ¿Cómo influye mi diálogo interno en quién soy? ¿De qué creo que soy capaz? ¿Y el amor que creo poder recibir de Dios?
- Escuchar requiere la participación del intelecto. ¿Cómo cambia mi forma de pensar al escuchar la Palabra de Dios?

Conciencia emocional

- ¿Sé distinguir entre las emociones superiores que me llevan a la transformación y las inferiores que me empujan al modo de supervivencia básica?
- ¿Puedo discernir el origen de mis sentimientos? ¿Provienen del cuerpo, como el cansancio, el hambre, etc.? ¿Provienen del movimiento interno del corazón/alma o es algo del entorno externo que estoy captando? ¿Puedo determinar qué agita las aguas de mi alma? ¿De dónde viene el viento o la perturbación?
- Considera cada uno de los siguientes pares emocionales:
- Ira y alegría / paz; frustración y satisfacción; amargura (agotamiento) y éxito; decepción y sorpresa. ¿Cómo experimento la tensión de la emoción negativa y la resolución de la emoción positiva en mi vida diaria? ¿Es uno de estos pares más dominante? ¿Es una la raíz y la otra un síntoma? ¿Cómo utilizo mis emociones para aumentar mi experiencia de la vida? ¿El reino espiritual? ¿Las relaciones que mantengo?
- ¿Puedo usar mis emociones para amontonar amor, bondad y vida abundante en los que me rodean? ¿Puedo usar mis emociones para ser un manantial de

vida, una fuente burbujeante de renovación?

- Transmutar sentimientos: ¿Cómo puedo transmutar un sentimiento negativo? ¿Cómo tomo algo que me hace sentir bien y lo utilizo como trampolín hacia algo más?

- ¿Siento algo porque pienso mentalmente que es así como debería sentirme y creo que es el sentimiento lógico ligado a la experiencia, o siento algo realmente como resultado del movimiento de las aguas dentro de mi corazón?

- ¿Cuál es la relación entre el significado que atribuyo a algo y las emociones que siento como resultado de ese significado?

- Los colores se han asociado a los sentimientos. Cuando medito, ¿veo o percibo colores? ¿Conectado conmigo mismo? ¿En relación con los demás? ¿Están esos colores asociados a partes del cuerpo o sentimientos específicos? ¿Cambian esos colores? ¿Qué hace que cambien?

Percepción de la infancia y heridas emocionales del alma:

Un resumen de las heridas infantiles percibidas es el siguiente: Autojuicio, autosacrificio, rechazo del núcleo del yo (digno), rechazo de la identidad (proviene de la sensación de no ser visto y de no ser igual que. Esta herida da lugar a una búsqueda constante de una identidad que elimine un sentimiento innato de soledad y melancolía), rechazo de la intimidad, rechazo de la confianza (problemas de seguridad), ausencia de cuidados (por lo tanto, necesidad de cuidarse a sí mismo, ya que nadie se ocupará de sus necesidades), rechazo de la infancia (problemas relacionados con la supervivencia y la fortaleza), rechazo de la voz (la participación en el mundo carece de importancia, su voz o su aspecto único no son importantes). Esto puede dar lugar a preguntas relacionadas con «¿Me ve alguien? ¿Me oye alguien? ¿Alguien me quiere o me valora?». ¿Puedo identificar áreas en mi vida en las que se plantean estas preguntas? ¿Cómo se convierte el Espíritu Santo y el Padre en la figura parental que me reafirma en mi valor? ¿Cómo se convierte Jesús en mi niño interior que reemplaza todas las heridas de la infancia?

Reposo, equilibrio y armonía

- ¿Qué hago por mí mismo para permitirme mostrarme en la plenitud de lo que soy y para las personas de mi vida?

- ¿De qué cosas necesito desprenderme para poder avanzar sin lastre?

Semana 4: Destino y propósito

Destino (preguntas para el caminante)

- Clasifica los siguientes temas generales en función de su importancia para sentirte realizado o satisfecho en la vida: Experiencias (relaciones, aventuras, viajes, encuentros con Dios), Crecimiento (salud, intelecto, habilidades, espiritual, madurez del alma, asesoramiento, etc.) y Contribución (carrera, vida creativa, comunidad, impacto, ONG o causas, vida familiar). ¿Qué importancia tiene la contribución en la composición de lo que soy?

- ¿Creo que mi vida tiene la capacidad de cambiar el mundo? ¿Cómo lo haría de forma tangible? ¿Qué implicaría?

- ¿Qué historia quiero que cuente mi vida y qué caminos debo elegir para que cuente esa historia?
- ¿Cuáles son algunos de los sueños y deseos que me aterrorizan por lo grandes que son? ¿Puedo identificar alguna creencia limitante que restrinja mi capacidad de soñar?
- ¿Cuáles son mis excusas típicas para no perseguir algo que cambie mi vida?
- ¿Cuáles son los impulsores que hacen que me muestre en la plenitud de lo que soy? ¿Y qué me dicen estas motivaciones sobre mí mismo? ¿Sobre mi destino?
- ¿Cuál considero que es la industria más útil del mundo? ¿Por qué?
- ¿Qué ámbitos me apasionan más? ¿Qué es lo que más me conmueve? ¿Es sentimentalismo o es una pista de algo que deseo cambiar?
- Para los que se centran en el viaje, ¿qué objetivos me he marcado que se hayan cumplido hasta ahora? ¿Quizá empezar fijando algunos a corto y medio plazo?
- ¿Cuál es el sector, habilidad o área en la que estaría dispuesto a sacrificarme a un alto nivel durante un periodo de tiempo para cambiar radicalmente este ámbito?
- ¿Qué significa Tikún Olam (restaurar la Tierra) en el contexto de mi vida?
- Para aquellos que se centran en el viaje, ¿qué tareas, meditaciones o prácticas diarias he creado para mantenerme enfocado en mi destino?

Viaje (Preguntas para los decididos)
- ¿Cómo celebro el camino y no sólo el destino? ¿Cómo expreso gratitud por lo cotidiano a la vez que me esfuerzo por acercarme hacia lo más importante?
- ¿Qué cosas me inspiran a seguir adelante cuando no tengo ganas? (Citas favoritas, historias de la vida de otras personas, música inspiradora, etc.).
- Para los que se centran en el destino, ¿qué recordatorios he colocado a mi alrededor que sean claramente visibles con mis ojos físicos que me recuerden disfrutar del viaje?
- Para los que se centran en el destino, ¿qué aficiones he disfrutado esta semana que me hacen sentir que el viaje merece la pena?

Inmortalidad
- ¿Qué habilidades tienes o quieres desarrollar que creas que seguirán aportando valor al mundo dentro de 1000 años?
- ¿Cómo contribuiré a la generación que estará viva dentro de 1500 años (aparte de algunas historias épicas?)
- ¿Cómo puedo interactuar con la sabiduría de forma que me sirva a mí y a mis hijos en los próximos 100 años?
- ¿Cuál es mi plan para dentro de 300 años?
- ¿Cómo me he identificado con la muerte, el entierro, la resurrección y la ascensión de Jesús, aparte de conocer algunos versículos de la Biblia? ¿Cómo lo he meditado?

LA SUSTANCIA DE TU NOMBRE

Un nombre tiene una importancia que trasciende el tiempo y el espacio. De alguna manera, en Su sabiduría, Dios mismo decidió que dar nombre a algo y a alguien lo conectaría a él o a ella con algo mucho más grande que él, así como con algo desconocido. ¿Por qué una de las promesas del Apocalipsis a los vencedores es un nombre nuevo? Los nombres han cautivado al mundo. Mira los códigos secretos para entrar en lugares especiales, mira la continuación de generaciones con el II, III, IV (conocemos a alguien que es un V). Hay mujeres en el mundo que se llaman como sus madres, hijos como sus padres e incluso perros como sus personajes de cine favoritos. ¿Qué hay en un nombre que incluso los nombres del propio Dios son llaves de paso, abridores de portales y puertas estelares a diferentes dimensiones? ¿Cómo puede el nombre de un personaje bíblico estar tan conectado a su vocación que predetermina una parte gigantesca de lo que hace? Presta especial atención al nombre de Jesús, ¿por qué esas letras, por qué en ese orden, qué representa? No se puede exagerar la importancia de un nombre hasta el punto de que incluso la cosa más aburrida y general que hayas aprendido o te hayan dicho puede tener un peso significativo. ¿Quién eres? ¿De dónde vienes? ¿Cómo te llamas? ¿Qué significa tu nombre?

¿Puedes identificar la manera en la que el significado de tu nombre podría incluirse en un aspecto de tu destino/propósito/o de quién eres?

Detrás del nombre de cada noble, rey, guerrero o héroe está la sustancia de lo que es. Esa sustancia de carácter y esencia se manifiesta añadiendo peso a las palabras que dice, fuerza a las acciones que emprende y fiabilidad a los resultados que produce. Es esta sustancia del carácter la que permite a los hombres de negocios confiar en los tratos hechos a partir de simples apretones de manos, o a la inversa, la previsibilidad del carácter que crea miedo y desconfianza en torno a negociaciones específicas con oponentes poco fiables.

Es imposible hablar de la identidad, el alma y el destino sin hablar de la sustancia que hay detrás del nombre. El carácter y la esencia que uno añade al peso de su firma, al impacto de su apretón de manos y al dominio de sus palabras.

¿Cuáles son los cinco rasgos de carácter específicos que te gustaría que fueran sinónimo de tu nombre? (Los valores, creencias, principios, ideales que te definen).

¿Cómo te propones desarrollar estos aspectos del carácter? ¿Qué acciones puedes emprender para desarrollar estos aspectos del carácter? ¿Puedes identificar a personas en tu vida con estos rasgos de carácter? ¿Qué sientes cuando estás cerca de ellas? ¿Cómo honras esos rasgos de carácter cuando ves que están presentes en la vida de los demás?

Crea una declaración «Yo soy» que te ayude a encarnar estas características.

¿Qué preguntas de control puedes hacerte para asegurarte de que te mantienes fiel a tu identidad y de que la esencia del ser que deseas encarnar es prioritaria en tus interacciones, decisiones y acciones cotidianas?

PARTE 2:

CONVIRTIÉNDOTE EN CREADOR

A medida que la estructura mental se hace visible y las letras y capas comienzan a colocarse en sus puestos, se produce una clara sensación de expectación. Los nombres de Dios grabados y las declaraciones grabadas comienzan a liberar su demanda sobre la creación. La sangre de Jesús empapa las partes internas de la estructura geométrica. El zumbido de las ruedas comienza a activarse a través de las esencias liberadas hacia la manifestación deseada. Cuando las caras de Su naturaleza empiezan a entrar en juego, se oye un sonido distinto. Son los vientos inconfundibles de un huracán envuelto en agua y rodeado de tierra y fuego, formando un círculo protector y transmutativo a su alrededor mientras atraviesa el espacio y el tiempo. Este cerco no es posible excepto a través de los nombres de Dios, la sangre de Jesús y la voluntad enfocada con láser del Hijo cuya determinación es férrea. Las dimensiones comienzan a abrirse y la abrumadora oleada de posibilidades satura la atmósfera. Mientras los ángeles se reúnen y preparan los reinos y las atmósferas tanto para el Rey que viene como para la dirección del que está presente, la creación comienza a dirigir su atención hacia el que ha levantado la puerta y permanece en confiado silencio. En cuanto comienza la unión de las llamas y dirige su atención en una dirección singular, la hueste angélica espera el retumbar de su voz para establecer qué deben hacer, cómo deben proceder y qué revelación debe abrirse para que el Hijo Manifiesto pueda ejecutar la triple voluntad del Dios en conjunción con la suya propia.

Este es el comienzo de un viaje que durará a través de los siglos. Es el inicio de tu propio viaje hacia el misterio de quién eres en Cristo y quién es Él en ti. No hay causa más noble ni tarea más difícil. El proceso por el que Dios te ha llevado ha hecho posible que llegues hasta aquí. Ahora comienza el viaje. En tu proceso de ganar poder espiritual y llegar a la consciencia de quién eres, te pedimos una cosa: recuerda Su bondad.

PREGUNTAS PARA ENTENDIMIENTO ESPIRITUAL

10. Entendimiento, intuición y revelación

- ¿Qué revelación obtuve de la meditación?
- ¿Qué nueva comprensión recibí?
- ¿Sentí que lo que aprendí era algo nuevo o un recuerdo?
- ¿Qué pensamientos creativos o inspirados tuve durante la meditación?
- ¿Qué sabiduría o conocimiento he adquirido durante la meditación?
- ¿Cómo cambió mi perspectiva sobre una situación gracias a la meditación?
- Como resultado de mi meditación, ¿sentí que se me estaba incitando o moviendo suavemente a cambiar algo en respuesta al amor de Dios? ¿Me di cuenta de que había algo dentro de mí que necesitaba cambiar, crecer, ser desechado o desarrollado?
- ¿Hubo algo específico que identifiqué durante la meditación y que me gustaría profundizar más adelante?

11. Percepción

- En algún momento de la meditación, ¿tuve una sensación de peso vinculada a una palabra, oración, versículo bíblico o pensamiento específico?
- Cuando pronuncié los nombres de Dios, invoqué la sangre de Jesús o interactué con el Espíritu Santo, ¿percibí el peso de Dios detrás de mi meditación?
- Durante la meditación, ¿tuve una impresión o percepción de algo fuera de mí? ¿Quizás la sensación de algo en la atmósfera? ¿Quizás la sensación de algo a nivel global?
- Cuando medito, ¿puedo percibir a los demás en la atmósfera? ¿Puedo percibir el impacto de la Iglesia? ¿Siento lo mismo todos los días de la semana? ¿Ciertos días de mi región son diferentes? Si hay múltiples frecuencias, ¿puedo separarlas y determinar cuál es la más fuerte y cuál la más débil? ¿Cuál me atrae? ¿Cuál me aleja?

Sensación de movimiento

- Durante mi meditación, ¿percibo movimiento? ¿Siento que algo pasa a mi lado? ¿Entrando o saliendo de la habitación? ¿Un movimiento giratorio, en círculos, en espiral?
- Cuando medito sobre cosas que van más allá de mí, ¿hay algún ámbito (espiritual, global, nacional) en el que percibo movimiento?

12. Visión espiritual

- ¿Dónde está Jesús en medio de mi meditación?
- ¿Cómo está presente el Espíritu Santo en mi meditación?
- ¿He visto ángeles o seres, personas de la Nube de los Testigos, aspectos del Espíritu Santo o tal vez un aspecto de la creación anterior a la caída?
- ¿Un recuerdo contenido en la llama de Dios?
- ¿Interactuaste con personas de la Nube de los Testigos, rabinos, sacerdotes, místicos de la antigüedad, dignatarios, reyes o nobles, o personas concretas de tu propia genealogía?
- ¿Encontré civilizaciones o ciudades antiguas, culturas originales o siemprevivas?
- ¿Durante mi meditación vi alguna luz intermitente? ¿Hubo algún color? ¿Hay algún aspecto específico de la meditación con el que se asocien estas luces?
- ¿He visto el destello de alguna imagen específica sostenida en el espacio?
- ¿Soy capaz de volver a ver algo de lo que vi en otro momento?
- ¿Hay algo que siempre veo en la meditación y que doy por sentado que es normal?
- ¿He visto algo inusual en la meditación que no entiendo pero que necesito describir?

13. Sentimientos

- ¿Hubo algún sentimiento predominante durante la meditación? ¿Ese sentimiento proviene de mí y de las cosas que están sucediendo en mi vida? ¿O viene de la atmósfera que me rodea o algo externo (quizás otra persona proyectando sus sentimientos, el Espíritu Santo aportando una sensación de paz y consuelo?)
- Durante la meditación, ¿hubo algo específico que me hizo sentir más tranquilo y relajado? ¿Seguro?
- ¿En algún momento de la meditación conecté con el intenso deleite de Dios? ¿En relación con qué? ¿Soy consciente de los sentimientos de Dios? ¿Delicia? ¿Alegría exuberante? ¿Compasión? ¿Bondad?
- Cuando medito en los nombres de Dios, ¿me provocan un sentimiento específico? Cuando encuentro un ángel, un ser o un miembro de la Nube de los Testigos o una letra de luz específica, ¿experimento un sentimiento específico?
- Cuando siento algo, ¿puedo volver mi corazón hacia ello y ver qué es o qué está causando ese sentimiento?
- ¿Cómo me sentía antes de meditar y cómo me siento después de meditar? ¿Ha habido algún cambio? ¿Cuánto dura esa sensación después de terminar la meditación? ¿Se disipa inmediatamente? ¿La conservo a lo largo del día? ¿Puedo volver atrás y acceder a esa sensación si necesito refrescarme y recordar?

14. Auditivo

- ¿Puedo oír sonidos cuando medito? ¿Inaudibles o audibles? ¿Música o voces?
- Los Salmos hablan a menudo del sonido asociado a los fenómenos naturales, como el correr de las aguas, el chisporroteo del viento, el crepitar del fuego? ¿Tiene sonido la tierra que piso? ¿Oigo alguna vez el sonido asociado al trueno o a otros fenómenos naturales?
- ¿Oigo alguna vez sonidos asociados al movimiento? ¿Crujidos, silbidos?
- ¿Existe algún aspecto específico de la meditación o de la postura o el lugar que utilizo que esté relacionado con un sonido concreto? ¿Ese sonido está relacionado con la sanación? ¿El trono? ¿El canto de los ángeles? ¿Está presente la música de las esferas?
- ¿La frecuencia que escucho está en un punto concreto o impregna la atmósfera?
- ¿Puedo determinar de qué dirección proceden los sonidos? ¿Sólo veo y oigo lo que tengo delante?
- ¿Qué aumenta el sonido? ¿Qué disminuye el sonido? Si te inclinas hacia tu corazón, ¿aumenta el sonido o el sonido de las aguas de tu corazón enturbia el sonido que oyes?
- ¿Hay sonidos asociados a otras personas? ¿Amigos, familia, seres queridos?
- ¿Y música relacionada con culturas antiguas? ¿Me he encontrado alguna vez con estos sonidos? ¿O música asociada a diferentes lugares geográficos?

15. Olfativo y gustativo

- Cuando medito, ¿huelo alguna fragancia en algún momento de la meditación? ¿Es dulce? ¿Es afrutado? ¿Es vegetal? ¿Es floral? ¿Es más antiguo como los libros viejos y polvorientos? ¿Es medicinal como el eucalipto? ¿Es amaderado, como el abeto o el cedro? ¿O de monasterio, como el incienso?
- ¿En qué momento aparecen las fragancias en mi meditación? Es frecuente que las personas noten un aumento del sentido del olfato durante los momentos de gratitud silenciosa. ¿Te ha ocurrido a ti?
- ¿En mi vida diaria experimento o encuentro alguna fragancia? ¿Coincide o complementa las fragancias que percibo en mi meditación?
- ¿Alguna vez siento un sabor dulce o amargo durante la meditación?

16. Físico

- ¿En qué parte de mi cuerpo siento la presencia de Dios? ¿Era plenamente consciente de alguna de las partes de mi cuerpo? ¿Quizás mi corazón? ¿Mi columna vertebral? ¿Las rodillas?
- ¿Tuve una sensación de calor, de acumulación de energía o de hormigueo en algún momento de la meditación? ¿Qué estaba haciendo en ese momento?
- ¿Cuál es mi postura de meditación preferida? ¿Sentado, tumbado, de pie? ¿Hay alguna diferencia cuando cruzo las piernas y los brazos? ¿Hay alguna diferencia cuando medito con las manos hacia arriba? ¿Hay alguna

diferencia cuando coloco la mano sobre el corazón?

- ¿Soy consciente de la energía que fluye por mi cuerpo? Durante la meditación, ¿he notado algún bloqueo en el flujo de energía? Durante la meditación, ¿soy consciente de que la respiración fluye fácilmente por todo el cuerpo?
- ¿Puedo cambiar el lugar desde el que respiro? ¿Cambia eso lo que puedo percibir o el tipo de cosas que percibo?
- Los sentimientos a veces se reflejan como colores a nivel del cuerpo cuando la emoción se almacena en una parte específica del cuerpo. Cuando medito, ¿conecto sentimientos y colores? ¿Veo colores específicos que residen en partes concretas de mi cuerpo? ¿Puedo cambiar o intensificar los colores que residen en distintas partes de mi cuerpo?
- ¿Soy consciente de los lugares de mi cuerpo físico que funcionan como puertas espirituales?
- ¿Soy consciente de estas puertas? ¿Siento cuando estas puertas están cerradas? ¿Están conectadas con Dios? ¿con otras personas?

17. Conciencia de uno mismo y conexión

- Durante mi meditación, ¿sentí un fortalecimiento de mi conexión con Dios, con la vida de Cristo y con la esperanza de Cristo dentro de mí? Si comulgué durante la meditación, ¿experimenté una sensación de conexión con la profundidad del amor de Cristo que se encuentra en la sangre de Jesús y con la voz de la sangre de Jesús que habla por nosotros?
- ¿Experimenté una conexión con la sabiduría de Dios o la comprensión, la misericordia o la fuerza de Dios? ¿Una mayor sensación de confianza y fuerza interior como resultado de mi conexión con Cristo? (Todo lo puedo en Cristo que me fortalece).
- Durante la meditación, ¿sentí que el amor, la vida y la luz de Dios crecían dentro de mí y se expandían hacia fuera? ¿Me he sentido renovado durante la meditación?
- ¿Aumentó mi meditación mi conciencia de la belleza única que aporto a la creación? ¿Un aspecto concreto de mí mismo o de mi identidad? ¿Ha establecido algo concreto en mi vida?
- Mi meditación, ¿ha aumentado mi conciencia de mi propia voz y sonido dentro de la creación?

18. Yendo más allá

- ¿Cómo honro lo que he visto, oído, olido, saboreado, sentido o percibido durante mi meditación? ¿Lo descarto como fantasía y lo tiro a la basura? ¿Lo traigo a Jesús y permito que lo sostenga en un lugar de amor y conexión?
- ¿Qué aspectos de mi meditación necesito revisar? ¿Llevarlos conmigo a la próxima meditación? Puede tratarse de una técnica de meditación concreta que haya suscitado un nuevo enfoque o de un nuevo enfoque en el que haya que centrarse para seguir avanzando.

DIOS EL CREADOR INFORMANDO AL HOMBRE HACEDOR

Sin duda, el nombre de Dios es un nombre conocido en todo el multiverso. El principio de la Biblia, ya sabes las páginas que nadie lee, se llama el Tetragrammaton o «Las cuatro letras». Fue revelado a Moisés en Éxodo 3:14 y es la «torre fuerte» de Proverbios 18:10. Cuando miramos el nombre de Dios hay sin exageración milenios de revelación que ya han sido revelados para explorar y desvelar. Esto no quiere decir en modo alguno que se haya completado. No creemos que sea posible. Es decir, empecemos por lo que ya se ha desentrañado.

Para los propósitos de este diario es importante tener una comprensión básica del nombre de Dios y de los mundos que conecta. La conexión de la creación con el nombre es lo que la sostiene, porque el nombre de Dios es nuestra conexión y revelación de todas las cosas en la creación. El apóstol Juan lo expresó mejor en Apocalipsis 4:11 cuando dijo: «Digno eres, Señor nuestro y Dios nuestro, de recibir la Gloria, el Honor y el Poder. Porque tú creaste todas las cosas y por tu voluntad existieron y fueron creadas».

Nuestra capacidad para comprender el proceso de la creación y convertirnos en creadores de vida está directamente relacionada con nuestra capacidad para manifestar los planes y propósitos de Dios en la Tierra. Las estructuras y los procesos que Dios mismo creó e incrustó en la creación se convierten en las estructuras principales que utilizamos para emularle y llevar a cabo el trabajo del que descansó y que nos entregó en el séptimo día de la creación. Esperamos que, a medida que continúes explorando, te adentres en las profundidades de lo que este nombre tiene que revelar y en tu papel en la continuación de la obra.

Declaración de identidad

Soy...

_____

_____

lo cual implica (acción asociada)

_____

_____

_____

DÍA	ENFOQUE	PLAN DE MEDITACIÓN
DOMINGO		
LUNES		
MARTES		
MIÉRCOLES		
JUEVES		
VIERNES		
SÁBADO		

Anotaciones

_____

_____

_____

¿Qué aspectos de la naturaleza de Dios se desvelan dentro del contexto del nombre YHVH?

Gratitud
Hoy celebro

Conciencia del yo
Hoy estoy notando

Meditación
¿He seguido hoy mi ritual de meditación matutino?   S N

Discernimiento espiritual
Durante la meditación de hoy, he sentido, visto, percibido, aprendido, experimentado …

Manifestación

Escribe sobre el día que quieres tener en pasado, como si ya hubiera ocurrido.

Espacio para dibujar

¿Qué aspectos de la naturaleza de Su creación, el patrón en el que crea y lo que emana se revela en el nombre YHVH?

Gratitud
Hoy celebro

Conciencia del yo
Hoy estoy notando

Meditación   S N
¿He seguido hoy mi ritual de meditación matutino?

Discernimiento espiritual
Durante la meditación de hoy, he sentido, visto, percibido, aprendido, experimentado ...

Manifestación

Escribe sobre el día que quieres tener en pasado, como si ya hubiera ocurrido.

Espacio para dibujar

Las letras hebreas que componen el alfabeto se denominan a veces «letras de luz». ¿Cómo experimento o percibo las letras del Nombre de Dios, al interactuar personalmente con ellas?

Gratitud
Hoy celebro

Conciencia del yo
Hoy estoy notando

Meditación
¿He seguido hoy mi ritual de meditación matutino?   S N

Discernimiento espiritual
Durante la meditación de hoy, he sentido, visto, percibido, aprendido, experimentado ...

Manifestación
Escribe sobre el día que quieres tener en pasado, como si ya hubiera ocurrido.

Espacio para dibujar

Si me relaciono con el nombre Elohim o Adonai, ¿cómo cambia eso mi experiencia o interacción con Dios?

Gratitud
Hoy celebro

Conciencia del yo
Hoy estoy notando

Meditación   S N
¿He seguido hoy mi ritual de meditación matutino?

Discernimiento espiritual
Durante la meditación de hoy, he sentido, visto, percibido, aprendido, experimentado ...

Manifestación
Escribe sobre el día que quieres tener en pasado, como si ya hubiera ocurrido.

Espacio para dibujar

¿Conozco algún movimiento angélico asociado al nombre de Dios? ¿Puedo identificar alguna raza angélica específica? ¿Cambios atmosféricos específicos?

Gratitud
Hoy celebro

Conciencia del yo
Hoy estoy notando

Meditación   S N
¿He seguido hoy mi ritual de meditación matutino?

Discernimiento espiritual
Durante la meditación de hoy, he sentido, visto, percibido, aprendido, experimentado ...

Manifestación
Escribe sobre el día que quieres tener en pasado, como si ya hubiera ocurrido.

Espacio para dibujar

Consideremos la vida de Abraham. ¿Cómo influye en el curso de su vida la incorporación del Hey (un aspecto o componente del propio nombre de Dios) a su nombre? ¿Qué puede enseñarme Abraham sobre el nombre de Dios?

Gratitud
Hoy celebro

Conciencia del yo
Hoy estoy notando

Meditación   S N
¿He seguido hoy mi ritual de meditación matutino?

Discernimiento espiritual
Durante la meditación de hoy, he sentido, visto, percibido, aprendido, experimentado ...

Manifestación
Escribe sobre el día que quieres tener en pasado, como si ya hubiera ocurrido.

Espacio para dibujar

Desde la profundidad de Su amor, Dios concedió a Sara, la matriarca, la incorporación del Hey inferior a su nombre, que la hizo fructífera y capaz de tener hijos en su vejez. ¿Qué puedo aprender de la interacción de Sara con el nombre de Dios?

Gratitud
Hoy celebro

Conciencia del yo
Hoy estoy notando

Meditación
¿He seguido hoy mi ritual de meditación matutino?

$\boxed{S}$ $\boxed{N}$

Discernimiento espiritual
Durante la meditación de hoy, he sentido, visto, percibido, aprendido, experimentado ...

Manifestación
Escribe sobre el día que quieres tener en pasado, como si ya hubiera ocurrido.

Espacio para dibujar

CREADO POR Y PARA JESÚS

«Porque en Él fueron creadas todas las cosas que están en los cielos y que están en la tierra, visibles e invisibles, sean tronos, sean dominios, sean principados, sean potestades. Todas las cosas fueron creadas por medio de Él y para Él». (Colosenses 1:16 LBLA)

A medida que te involucras en la estructura de los nombres y creces en tu capacidad como creador manifestante, uno de los aspectos más importantes que puedes involucrar es el nombre de Jesús y la sangre de Jesús. Cuando Jesús es la puerta por la que entras, Él asegura que tu movimiento sea hacia Dios. «Yo soy el camino, la verdad y la luz; nadie pasará al Padre si no es por mí». (Juan 14:6) Es Su trabajo protegerte dentro de tus movimientos y Él es bueno en Su trabajo.

Utilizar la cruz como dispositivo transmutativo te permite llevar cualquier cosa a ella y transmutarla de una forma a otra. De la ceniza a la belleza, del luto al óleo de la alegría, de la desesperación al vestido de alabanza, de la enfermedad y la muerte a la vida, del juicio a la misericordia, de la carencia a la abundancia. Sin embargo, cuando transmutas cualquier cosa de una forma a otra, cuando cambias una situación con tu declaración, cuando empiezas a moverte en una dirección particular con cualquier cosa, se produce un movimiento pendular. Se mueve fuertemente en la dirección en la que te estás moviendo o en la dirección en la que se han movido las cosas. En un momento dado, esta oscilación del péndulo alcanza una cresta y retrocede hacia el centro con una velocidad extraordinaria, de modo que puede moverse una distancia igual en la otra dirección para lograr el equilibrio. Continúa haciéndolo hasta que se encuentra un nuevo equilibrio y ya no es necesario moverse.

Personas de todas las religiones y movimientos del mundo son conscientes de esta consecuencia natural de la acción y dan diversos nombres a esta ley universal del equilibrio. Tienen diferentes métodos para enfrentarse a ella, o para suavizar el impacto de la balanza transfiriéndolo a sus enemigos. Cuando el péndulo vuelva, si no están preparados, les dolerá. Se sabe que los movimientos extremos causan la muerte.

Involucrar la sangre de Jesús, el arco que se crea por la sangre que fue derramada antes de los cimientos de la tierra y la sangre que fue derramada dentro del tiempo, le permite a uno trascender las leyes naturales del universo y evitar que los pecados demanden equilibrar la balanza. Cuando nos apropiamos de la sangre de Jesús, esta cubre el interior de la estructura donde estamos y da vueltas a nuestro alrededor creando una barrera para que cuando ese balanceo vuelva no nos golpee a nosotros, golpee un pacto lleno de gracia y se mueva o se equilibre.

Ésta es sólo una de las muchas maneras en que Jesús nos protege, de las que tal vez no seamos conscientes en absoluto nunca. Su Misericordia es al mismo tiempo asombrosa y la mayor fuente de audacia y confianza disponible para nosotros. Creo que muchos se quedarán perplejos ante lo grande que sigue siendo Su misericordia en el contexto de nuestra protección. Por muy místicos que seamos o creamos ser, no hay sustituto para la sangre de Jesús.

Declaración de identidad

Soy...

_____

_____

lo cual implica (acción asociada)

_____

_____

_____

DÍA	ENFOQUE	PLAN DE MEDITACIÓN
DOMINGO		
LUNES		
MARTES		
MIÉRCOLES		
JUEVES		
VIERNES		
SÁBADO		

Anotaciones

_____

_____

Jesús es la puerta por la que nos movemos, ¿hasta qué punto soy consciente de Jesús durante mi meditación? ¿Cómo puedo entrenar mi conciencia para ser más consciente de Él como la puerta a través de la cual puedo explorar y moverme en el Espíritu?

Gratitud
Hoy celebro

Conciencia del yo
Hoy estoy notando

Meditación
¿He seguido hoy mi ritual de meditación matutino?　　　　　S N

Discernimiento espiritual
Durante la meditación de hoy, he sentido, visto, percibido, aprendido, experimentado ...

Manifestación

Escribe sobre el día que quieres tener en pasado, como si ya hubiera ocurrido.

Espacio para dibujar

¿Cómo configura mi realidad actual el arco entre el sacrificio que se sitúa fuera del tiempo (el cordero inmolado antes de la fundación del mundo - Ap 13:8) y el sacrificio dentro del tiempo (Jesús crucificado en la cruz), que permite al hombre un punto de conexión perpetuo con el amor eterno de Dios?

Gratitud
Hoy celebro

Conciencia del yo
Hoy estoy notando

Meditación
¿He seguido hoy mi ritual de meditación matutino? S N

Discernimiento espiritual
Durante la meditación de hoy, he sentido, visto, percibido, aprendido, experimentado ...

Manifestación
Escribe sobre el día que quieres tener en pasado, como si ya hubiera ocurrido.

Espacio para dibujar

Piensa en los cinco movimientos de la vida de Cristo: Cristo nació, fue crucificado, murió, resucitó y se elevó de nuevo (o ascendió). ¿Cómo puedo alinear el movimiento de mi ser con los movimientos de Cristo?

Gratitud
Hoy celebro

Conciencia del yo
Hoy estoy notando

Meditación   S N
¿He seguido hoy mi ritual de meditación matutino?

Discernimiento espiritual
Durante la meditación de hoy, he sentido, visto, percibido, aprendido, experimentado ...

Manifestación

Escribe sobre el día que quieres tener en pasado, como si ya hubiera ocurrido.

Espacio para dibujar

¿Qué es lo que necesito transmutar por el poder de la cruz? ¿Cómo ayuda la comunión a ese proceso transmutativo?

Gratitud
Hoy celebro

Conciencia del yo
Hoy estoy notando

Meditación   S N
¿He seguido hoy mi ritual de meditación matutino?

Discernimiento espiritual
Durante la meditación de hoy, he sentido, visto, percibido, aprendido, experimentado ...

Manifestación
Escribe sobre el día que quieres tener en pasado, como si ya hubiera ocurrido.

Espacio para dibujar

La sangre de Jesús habla por mí, la sangre de Jesús siempre está hablando. ¿Qué dice? ¿Cómo se difunde la voz de la sangre en la creación?

Gratitud
Hoy celebro

Conciencia del yo
Hoy estoy notando

Meditación
¿He seguido hoy mi ritual de meditación matutino? `S` `N`

Discernimiento espiritual
Durante la meditación de hoy, he sentido, visto, percibido, aprendido, experimentado ...

Manifestación
Escribe sobre el día que quieres tener en pasado, como si ya hubiera ocurrido.

Espacio para dibujar

¿Qué ocurre en mi vida cuando entro en la barrera bidireccional de la sangre de Cristo que me protege de lo externo? ¿Cómo me protege la sangre de Cristo de las repercusiones externas que se producen como consecuencia del cambio de la balanza?

Gratitud
Hoy celebro

Conciencia del yo
Hoy estoy notando

Meditación S N
¿He seguido hoy mi ritual de meditación matutino?

Discernimiento espiritual
Durante la meditación de hoy, he sentido, visto, percibido, aprendido, experimentado ...

Manifestación
Escribe sobre el día que quieres tener en pasado, como si ya hubiera ocurrido.

Espacio para dibujar

¿Cómo me protege la sangre de Cristo de mi entorno interno, haciendo que lo que hablo, deseo y persigo en pureza se proyecte desde mí hacia el mundo? ¿Cómo asegura la sangre de Jesús que lo que libero produce amor y vida?

Gratitud
Hoy celebro

Conciencia del yo
Hoy estoy notando

Meditación   S N
¿He seguido hoy mi ritual de meditación matutino?

Discernimiento espiritual
Durante la meditación de hoy, he sentido, visto, percibido, aprendido, experimentado ...

Manifestación
Escribe sobre el día que quieres tener en pasado, como si ya hubiera ocurrido.

Espacio para dibujar

COLABORANDO CON LAS HUESTES ANGELICALES

¿Cómo reaccionarías si te dijera que puedo entregarte las llaves que abrirán tu destino de una forma que nunca pensaste que fuera imaginable? Si tu respuesta a esa afirmación es «es cosa de Dios», entonces todavía te queda un poco de proceso por recorrer. Todos los que han madurado alguna vez han hecho afirmaciones de naturaleza similar. ¿Qué significa que Jesús sea el autor y perfeccionador de tu fe? La mayor parte de mi camino con Dios ha consistido en buscar claves que estaban fuera de mi alcance, de mi comprensión y de mi capacidad de conocer. Resulta que la fe funciona y seguimos alcanzándola. Esta semana encontrarás algunas de las claves más importantes que hemos descubierto por experiencia. El león, el buey, el águila y el hombre. Los querubines alrededor del trono, lo que representan en ti y la naturaleza de Dios son vitales para desvelar quién eres en Él.

Los ángeles son la clave más grande de la que todo el mundo es conceptualmente consciente y perpetuamente temeroso al mismo tiempo. A mis hermanos y hermanas en Cristo les encanta tomar ejemplos de cómo el mal ha retorcido algo ordenado por Dios y sistemáticamente categorizar, descartar e incluso advertir a la gente sobre ello - como si Dios no hubiera creado tales cosas de manera intencional. Se ha inculcado tanto miedo centrado en tocar algo impío (usando la experiencia individual, traumas y errores de personas reales) que hemos marginado a los afectados y bloqueado a todos los demás de una parte vital de las llaves que Dios está liberando en la Tierra para abrir las puertas que están cerradas delante de nosotros en nuestros respectivos caminos para abrir nuestro destino. Un martillo puede utilizarse para clavar un clavo en su lugar y construir un hermoso palacio o para herir a alguien. No se trata del martillo, sino de la intención con la que se utiliza. Con esto no pretendo comparar algo tan sagrado como un ángel con un martillo, sino transmitir que lo que importa es la intención con la que liberas a los ángeles y la posición en la que te encuentras.

Colaborar con las huestes angélicas y verlas actuar es magnífico. Hay que estudiar la facilidad con la que se desplazan hacia su objetivo y la fuerza resolutiva que demuestran al completar su tarea. Es sin duda una de las experiencias más gratificantes, inspiradoras y a veces aterradoras. No es para los débiles de corazón ni para las personas de voluntad débil que quieren caminar despreocupadamente por la vida sin ser conscientes de las realidades que les rodean. El coste es demasiado alto para muchos. Si quieres crecer en tu capacidad, te obligará a enfrentarte a tus propios problemas, de los que muchas veces tú mismo no eras consciente en ese momento. Cada vez que esto sucede es una invitación al crecimiento y a la intimidad con Dios. Te pondrán a prueba, te cuestionarán, te pondrán a prueba y te pondrán a prueba. Cuando fracasas, como hacemos todos, se hace más difícil. Esto no es para disuadirte, sino para despertar tu sentido de la aventura. Hay dimensiones e incluso reinos enteros que están esperando que despiertes a tu condición de hijo. La dirección de toda la creación está en nuestras manos colectivas. Esta es una de las llaves que abre esas puertas.

Declaración de identidad

Soy...

_____

_____

lo cual implica (acción asociada)

_____

_____

_____

DÍA	ENFOQUE	PLAN DE MEDITACIÓN
DOMINGO		
LUNES		
MARTES		
MIÉRCOLES		
JUEVES		
VIERNES		
SÁBADO		

Anotaciones

_____

_____

_____

¿Cómo me planteo relacionarme con las huestes angélicas?

Gratitud
Hoy celebro

Conciencia del yo
Hoy estoy notando

Meditación   S N
¿He seguido hoy mi ritual de meditación matutino?

Discernimiento espiritual
Durante la meditación de hoy, he sentido, visto, percibido, aprendido, experimentado ...

Manifestación
Escribe sobre el día que quieres tener en pasado, como si ya hubiera ocurrido.

Espacio para dibujar

¿Qué veo, siento, experimento cuando me relaciono con los ángeles de la tierra?

Gratitud
Hoy celebro

Conciencia del yo
Hoy estoy notando

Meditación   S N
¿He seguido hoy mi ritual de meditación matutino?

Discernimiento espiritual
Durante la meditación de hoy, he sentido, visto, percibido, aprendido, experimentado ...

Manifestación
Escribe sobre el día que quieres tener en pasado, como si ya hubiera ocurrido.

Espacio para dibujar

¿Qué veo, qué siento, qué experimento cuando me relaciono con los ángeles del viento?

Gratitud
Hoy celebro

Conciencia del yo
Hoy estoy notando

Meditación   S N
¿He seguido hoy mi ritual de meditación matutino?

Discernimiento espiritual
Durante la meditación de hoy, he sentido, visto, percibido, aprendido, experimentado ...

Manifestación
Escribe sobre el día que quieres tener en pasado, como si ya hubiera ocurrido.

Espacio para dibujar

¿Qué veo, qué siento, qué experimento cuando me relaciono con el querubín de cuatro caras descrito en Ezequiel?

Gratitud
Hoy celebro

Conciencia del yo
Hoy estoy notando

Meditación   S N
¿He seguido hoy mi ritual de meditación matutino?

Discernimiento espiritual
Durante la meditación de hoy, he sentido, visto, percibido, aprendido, experimentado …

Manifestación
Escribe sobre el día que quieres tener en pasado, como si ya hubiera ocurrido.

Espacio para dibujar

Considera la combinación del León y el Águila. ¿Qué produce la unión de estas dos caras aparentemente opuestas?

Gratitud
Hoy celebro

Conciencia del yo
Hoy estoy notando

Meditación   S N
¿He seguido hoy mi ritual de meditación matutino?

Discernimiento espiritual
Durante la meditación de hoy, he sentido, visto, percibido, aprendido, experimentado ...

Manifestación
Escribe sobre el día que quieres tener en pasado, como si ya hubiera ocurrido.

Espacio para dibujar

Considera la cara del Hombre y la del Buey como una combinación conjunta. ¿Qué produce la unión de estas dos caras?

Gratitud
Hoy celebro

Conciencia del yo
Hoy estoy notando

Meditación   S N
¿He seguido hoy mi ritual de meditación matutino?

Discernimiento espiritual
Durante la meditación de hoy, he sentido, visto, percibido, aprendido, experimentado ...

Manifestación
Escribe sobre el día que quieres tener en pasado, como si ya hubiera ocurrido.

Espacio para dibujar

¿Dónde, en mi caminar con Dios, he tenido un encuentro con el querubín de las cuatro caras? ¿Es sólo alrededor del trono de Dios? ¿Hay otros lugares en el espíritu donde se experimenta este ser angelical?

Gratitud
Hoy celebro

Conciencia del yo
Hoy estoy notando

Meditación   [S] [N]
¿He seguido hoy mi ritual de meditación matutino?

Discernimiento espiritual
Durante la meditación de hoy, he sentido, visto, percibido, aprendido, experimentado ...

Manifestación
Escribe sobre el día que quieres tener en pasado, como si ya hubiera ocurrido.

Espacio para dibujar

LA SUSTANCIA DE LA CREACIÓN

Todo en la creación manifestada se crea a partir de uno o más de los cuatro elementos. Considera tu cuerpo físico, fue creado del polvo (Génesis), contiene agua, el calor o fuego de la sangre y el aliento que respiras es considerado el viento.

El fuego es la sustancia transmutativa del cosmos. Es el amigo del ascendente y el purificador de los corazones. Es una de las sustancias que moldea y da forma a situaciones y circunstancias. Cambia el paisaje tanto en lo natural como en lo espiritual. Llama a la santidad y, si se usa correctamente, puede destruir las tinieblas y causar estragos en el campo enemigo. Es el lenguaje utilizado para describir aspectos esenciales de tu relación con Dios, a la vez que describe a la perfección Su protección y Su Amor. La llama ruge y se expande cuando se ejerce tu voluntad y se calma cuando se posiciona el siguiente movimiento. Es el lenguaje utilizado para describir el principio y el fin. El fuego es tu mejor amigo y tu peor enemigo. Hay que manejarlo con cuidado.

La Tierra es el recipiente. Es el centro de contención que alberga todos los demás elementos. Moisés golpeó la roca y salió agua. Tu cuerpo es la vasija de tierra que contiene tu sangre (fuego), tu agua (el cuerpo es más del 70%) y el viento (tu aliento). Sin tierra no hay crisol para que se cree y albergue la reacción que Dios quiere producir. La tierra es el suelo arado por el buey, sobrevolado por el águila, tallado y provisto por el agua y abrasado por el fuego. Es la pieza central del multiverso y la casa del acceso de toda la creación de vuelta a Dios.

El viento es el armonizador. Crea belleza a partir del caos y aporta equilibrio a la misericordia. El viento es el torrente que arrasa y a la vez es la brisa fresca que sopla contra tu cara. Puede ser ferozmente violento o refrescantemente tranquilo. Puede ser la llegada de una tormenta o una señal de que Dios está contigo. Sin el viento, no conoceríamos el alivio de un sol abrasador ni un nuevo y fresco comienzo del día. El viento es poder y el viento es un don.

El agua fluye y retrocede como la marea de los océanos. Es el sustento del ser y se convierte en la sustancia sin la cual el hombre no puede sobrevivir en el desierto. Es el río de la vida que alimenta los árboles que residen en sus orillas. Las aguas también aluden a la provisión y la prosperidad, pero también es el agua la que se utiliza para describir el fluir de las aguas del alma, la fluidez del movimiento de los cielos inferiores y el refresco de la misericordia de Dios. Su cualidad reflectante se aprecia en la quietud del mar de cristal que permite mirar dentro de las aguas y contemplar el reflejo. Estas mismas aguas pueden representar el caos y la turbulencia. El lugar de los monstruos marinos y del caos, donde sólo los valientes se atreven a adentrarse, a sacar la vida. El golpeteo de las olas contra las rocas, mientras las profundidades claman a las profundidades en el rugido de las cascadas. Son las aguas las que se utilizan para el bautismo, las aguas que abren dimensiones, la separación de las aguas que permite a los israelitas cruzar el desierto, la ruptura de las aguas que señala el nacimiento de un niño. Es la emersión de Jesús de las aguas tras su bautismo lo que provocó el descenso del Espíritu Santo y el Agua permite que lo que está arriba descienda y se manifieste.

Declaración de identidad

Soy...

lo cual implica (acción asociada)

DÍA	ENFOQUE	PLAN DE MEDITACIÓN
DOMINGO		
LUNES		
MARTES		
MIÉRCOLES		
JUEVES		
VIERNES		
SÁBADO		

Anotaciones

¿Soy consciente de la sustancia que Dios utilizó para moldearme y crearme, para tejerme? ¿Soy consciente del agua que hay en mi interior, del fuego (sangre) que hay en mi interior, del aliento que hay en mi interior? ¿Cómo se relaciona esto con las aguas de arriba, la sangre de Jesús y el aliento del Espíritu Santo?

Gratitud
Hoy celebro

Conciencia del yo
Hoy estoy notando

Meditación
¿He seguido hoy mi ritual de meditación matutino?

S N

Discernimiento espiritual
Durante la meditación de hoy, he sentido, visto, percibido, aprendido, experimentado ...

Manifestación
Escribe sobre el día que quieres tener en pasado, como si ya hubiera ocurrido.

Espacio para dibujar

¿Soy consciente de los elementos que componen el cielo? ¿He observado en la Biblia lugares en los que las descripciones de Dios, Su trono, Su voz se correlacionan con fenómenos meteorológicos naturales? ¿Por qué utiliza la Biblia estas descripciones?

Gratitud
Hoy celebro

Conciencia del yo
Hoy estoy notando

Meditación   S N
¿He seguido hoy mi ritual de meditación matutino?

Discernimiento espiritual
Durante la meditación de hoy, he sentido, visto, percibido, aprendido, experimentado ...

Manifestación
Escribe sobre el día que quieres tener en pasado, como si ya hubiera ocurrido.

Espacio para dibujar

Piensa en todos los tipos posibles de agua, desde el suave arroyo hasta las violentas olas de un mar tempestuoso chocando contra las rocas, el refresco del río, la quietud del lago matutino hasta la inmensidad y profundidad del océano, la cascada, la lluvia e incluso la forma en que la luna gobierna las mareas y su conexión con el agua. Piensa en todos los ángeles que contienen parte de agua en su composición: el agua del alma, el mar de cristal y el río bajo el trono en Apocalipsis. Dedica algún tiempo a contemplar el agua conectada con el Creador que la creó, en conexión con Yahvé.

Gratitud
Hoy celebro

Conciencia del yo
Hoy estoy notando

Meditación   S N
¿He seguido hoy mi ritual de meditación matutino?

Discernimiento espiritual
Durante la meditación de hoy, he sentido, visto, percibido, aprendido, experimentado ...

Manifestación
Escribe sobre el día que quieres tener en pasado, como si ya hubiera ocurrido.

Espacio para dibujar

Piensa en todos los tipos posibles de fuego, el calor y las llamas de la zarza ardiente, la llama azul de la Yechida, la misteriosa llama que había en el templo; el fuego ardiente caliente y el fuego ardiente frío; los ministros que son como llamas de fuego; los serafines y todos los demás seres ardientes; piensa en las emociones ardientes, incluso en las lenguas de fuego durante Pentecostés y dedica algún tiempo a contemplar el fuego en relación con el nombre Elohim.

Gratitud
Hoy celebro

Conciencia del yo
Hoy estoy notando

Meditación   S N
¿He seguido hoy mi ritual de meditación matutino?

Discernimiento espiritual
Durante la meditación de hoy, he sentido, visto, percibido, aprendido, experimentado …

Manifestación

Escribe sobre el día que quieres tener en pasado, como si ya hubiera ocurrido.

Espacio para dibujar

Piensa en todos los tipos posibles de tierra, el polvo cósmico del que se formó Adán, el suelo en el que se planta la semilla; la tierra que produce vida y cosechas; las montañas que forman los lugares altos; las rocas y los metales, las piedras preciosas, la piedra fundamental, la piedra angular, la casa que se construye sobre la roca y el barro que se moldea. Dedica algún tiempo a contemplar la tierra y su conexión con el Dios vivo, el Creador.

Gratitud
Hoy celebro

Conciencia del yo
Hoy estoy notando

Meditación
¿He seguido hoy mi ritual de meditación matutino? [S] [N]

Discernimiento espiritual
Durante la meditación de hoy, he sentido, visto, percibido, aprendido, experimentado ...

Manifestación
Escribe sobre el día que quieres tener en pasado, como si ya hubiera ocurrido.

Espacio para dibujar

Piensa en todos los tipos posibles de viento: viento apacible, brisa suave, tornado, aliento en tus pulmones, el primer aliento que respira un niño, aliento en la atmósfera, gases nobles inertes, el viento que nadie sabe de dónde viene ni a dónde va, el viento que trae la lluvia, el viento cálido del verano o de la montaña, una brisa fresca del océano o incluso el aliento de vida que Dios sopló sobre Adán. Dedica algún tiempo a contemplar el viento y su conexión con el Ruach Hakodesh.

Gratitud
Hoy celebro

Conciencia del yo
Hoy estoy notando

Meditación   S N
¿He seguido hoy mi ritual de meditación matutino?

Discernimiento espiritual
Durante la meditación de hoy, he sentido, visto, percibido, aprendido, experimentado ...

Manifestación

Escribe sobre el día que quieres tener en pasado, como si ya hubiera ocurrido.

Espacio para dibujar

Moisés en el Antiguo Testamento tuvo muchas interacciones y milagros que tuvieron como protagonistas a los elementos. Desde separar las aguas, hasta volver dulces las aguas amargas e incluso golpear la roca y hacer brotar agua. Hubo milagros de fuego incluyendo la zarza ardiente y milagros de maná que bajó del cielo. ¿Cuál fue la interacción de Moisés con el agua y el fuego? ¿Qué produce la interacción del agua y el fuego?

Gratitud
Hoy celebro

Conciencia del yo
Hoy estoy notando

Meditación   S N
¿He seguido hoy mi ritual de meditación matutino?

Discernimiento espiritual
Durante la meditación de hoy, he sentido, visto, percibido, aprendido, experimentado ...

Manifestación
Escribe sobre el día que quieres tener en pasado, como si ya hubiera ocurrido.

Espacio para dibujar

PREGUNTAS ADICIONALES

La estructura en general:

- ¿Cómo puedo utilizar las estructuras que hemos aprendido no sólo para crecer, sino para activar el favor de Dios?
- ¿Cómo experimento, veo, visualizo estar rodeado por los Nombres de Dios?
- ¿Qué significa la experiencia de conexión continua con la frecuencia de la sala del trono y llevar la frecuencia del Nombre de Dios alrededor de todo mi ser? ¿Cómo fortalece mi vida diaria?
- ¿Cómo interactúan mis declaraciones «Yo soy» con el Nombre de Dios en todos los niveles?
- ¿Cómo interactúa mi voluntad determinada con la frecuencia del Nombre de Dios?

Semana 1: El nombre de cuatro letras de Dios

- ¿Cómo interactúan las cuatro letras del nombre de Dios con las cuatro cámaras de mi corazón?
- ¿Cómo te sientes cuando estás estresado y respiras el nombre de Dios? ¿Qué hace tu respiración, conectada al Nombre?
- Cuando pienso en Yod como la semilla y entiendo que la semilla está plantada en la sangre, ¿cómo profundiza esto mi comprensión de la semilla que crece en el Árbol de la Vida? ¿Cómo influye en mi comprensión de la fe como un grano de mostaza? ¿Son todas las semillas iguales?
- ¿Puedo conceptualizar la letra hebrea superior e inferior Hey como puertas por las que ascender al misterio de la Divinidad? ¿Qué hay de las dos Heh como puertas dentro del nombre de Dios para descender y traer cosas a la manifestación?
- ¿Cómo afecta mi interacción con Vav, como clavo o conexión entre dos mundos, a mi comprensión de los clavos que fueron colocados en las manos de Jesús mientras colgaba de la cruz? ¿Qué simboliza entonces la cruz de Cristo?

Semana 2: El nombre de Jesús

- Cuando invoco el nombre de Jesús, ¿qué ángeles responden?
- Cuando uso la sangre de Jesús, ¿qué se mueve hacia mí y qué se aleja de mí? (Sé más específico que «ángeles» y «demonios»).
- Cuando sumerjo algo en la sangre de Jesús, ¿cuál es el resultado?
- Cuando quiero crear una barrera protectora alrededor de algo, ¿cómo se forma con la sangre de Jesús?
- ¿Cuál es mi nivel de conciencia de experimentar a Jesús como mi acceso al reino espiritual? ¿Cuán consciente soy de la sangre de Jesús que forma una barrera entre la creación y la eternidad? ¿Cómo se ve o se siente mi interacción con esa sangre?
- ¿Soy consciente de que puedo llamar y ver instantáneamente a Jesús sin importar donde me encuentre en el Espíritu? ¿Lo he hecho alguna vez? ¿En qué situaciones es importante que lo practique?
- ¿Hasta qué punto soy consciente no sólo de la presencia de Jesús, sino también de sus emociones, sus pensamientos, su guía y su amor cuando me muevo en el espíritu ?

- ¿Cómo interactúa el añadir la Shin con el nombre YHVH? ¿Y con el nombre Jesús?
- ¿Cómo se siente la vida de Cristo y la gloria del Hijo en su difusión a través de la creación cuando estoy posicionado fuera de la creación?
- ¿Cuál es la importancia de la cruz, la letra hebrea Tav, y su significado como lugar de intercambio, capacidad de transmutación para nosotros como cristianos?

Semana 3: El querubín de cuatro caras

- Conocemos al Rey Jesús León, el feroz que ataca a todo enemigo. ¿Qué ocurre cuando te acercas a Él?
- ¿De qué tipo de terreno se aleja el Buey?
- Cuando el Águila se eleva, ¿qué miran sus ojos?
- ¿En qué puede convertirse el Hombre? ¿Cuáles son las diferentes formas del Hombre?
- ¿Existe alguna relación entre las constelaciones estelares creadas por Dios? Leo, Tauro (buey), Acuario (hombre) y las cuatro caras descritas en Ezequiel?
- ¿Cuál es la conexión entre el León de Judá, la tribu de Judá que va en primer lugar, el papel de la realeza y la cara del León?
- Cuando te relacionas con la cara del Hombre, ¿cuál es la imagen del hombre que ves? ¿Es Adán? ¿Es el hombre que existe ahora en la creación? ¿El Adán que existía antes de la caída?

Semana 4: Moldeando las sustancias de la creación

- ¿Cómo reaccionan el Fuego, la Tierra, el Viento y el Agua cuando pronuncias el nombre de Jesús en este punto? ¿Reacciona de forma diferente cuando pronuncias el nombre de Jesús en un lugar ascendido?
- Cuando extiendes tu mano hacia la Tierra, ¿qué sucede en el espacio entre tu mano y la Tierra?
- ¿Cómo armonizo los distintos elementos a través de mi conexión con Cristo?
- ¿Por qué es tan importante que siempre conecte los elementos con el nombre de Dios y no los conecte fuera de este nombre?
- ¿Por qué la mayoría de las prácticas antiguas de medicina giraban en torno al equilibrio elemental? ¿Cómo se relaciona mi cuerpo con los elementos y cómo puedo equilibrar los elementos dentro de mi cuerpo utilizando el Nombre de Dios?
- Considera los milagros realizados en el Nuevo Testamento. Jesús escupió en el suelo (tierra y agua) y curó al ciego (Juan 9:6). ¿Cómo influye la manipulación de los elementos en muchos de los milagros de curación que ocurren en el Nuevo Testamento? ¿Por qué es importante? ¿Qué significa esto para los creyentes? ¿Cómo afecta esto a nuestra comprensión de las señales, los prodigios y los milagros?
- ¿La manipulación de los elementos es una función del espíritu o del alma? Pensemos en películas como «Matrix», donde se dobla la cuchara. ¿Qué aspecto de tu ser está implicado en la manipulación de los elementos?
- ¿Cómo interactúa el Espíritu Santo con los elementos? ¿Cuál es su papel considerando cosas como las lenguas de fuego? ¿Ser comparado con el viento? ¿Aliento sobre el agua?

CREANDO RITUALES PARA INCREMENTAR LA INTENCIONALIDAD

La palabra rito o ritual suele tener mala reputación. Para el espectador, a menudo puede evocar una imagen de normas legalistas y una serie de acciones realizadas por el participante en una secuencia específica para obtener algún tipo de resultado. A menudo se supone que un ritual priva al participante de la profundidad de la experiencia o incluso del más vago sentido del afecto. Sin embargo, esta descripción no es un ritual, sino más bien una rutina carente de intención, de conciencia y conjurada desde un sentido del deber desprovisto de amor. Una demostración sin la implicación del corazón. Otra connotación negativa de los rituales es su asociación con la magia profunda y lo oculto, los rituales de brujería, o los rituales de etc. Sin embargo, quiero animarte hoy a que vuelvas a mirar y reconsiderar el concepto de rituales (en lugar de huir de una palabra que se ha utilizado de forma inexacta para describir cosas que existen fuera del tierno amor de Dios).

En realidad, los ritos son bellas tradiciones, a menudo ceremonias o fiestas, que encierran la belleza de un acceso experimental a Dios que va más allá de la rutina. Para el espectador, pueden parecer rígidos y arraigados en la disciplina más que en la espontaneidad. Sin embargo, para el participante que se implica intencionadamente en la actividad con todo el afecto de su corazón, el enfoque inquebrantable de la atención de su mente en el ritual puede proporcionar una poderosa experiencia que altera la vida y crea un encuentro con la divinidad.

Los rituales no tienen por qué ser complicados. Pensemos en los rituales que realizamos en nuestra vida cotidiana, como dar las gracias antes de comer. Esta acción, sin fijar la intención del corazón ni centrar la mirada, puede ser una mera tradición vacía de significado. Sin embargo, también puede ser una forma de sintonizar con la presencia de Dios y de crear una puerta para que todos los que participan en la comida experimenten y participen de la vida abundante de Cristo antes de ingerir los alimentos. Tal vez el ritual sea tu meditación matutina. Puedes cantar el nombre de Dios sin involucrar a tu corazón. Hasta cierto punto, se producirá un cambio a nivel celular como resultado del entrelazamiento cuántico, pero cuando la intención del corazón se fija, la mirada se dirige hacia el Nombre de Dios, se abre una puerta para obtener una experiencia más profunda de Dios. La intención del corazón es fundamental para dar sentido a un ritual en contraposición a una rutina que se hace por obligación, disciplina o deber.

Además, cuando uno participa en rituales que van más allá de nuestro momento actual, conectamos con el pasado, el presente y el futuro. Cuando participamos en la comunión, no sólo nos estamos conectando con la sangre de Cristo antes de la fundación del mundo, sino que nos estamos uniendo y cohesionando a nosotros mismos y a nuestra esencia con cada cristiano que compone el cuerpo de Cristo, tanto en nuestro tiempo presente, como en las generaciones pasadas y en las generaciones venideras. Cuando recitamos las oraciones establecidas por nuestros antepasados, o nos dedicamos a crear edificaciones mentales que comprenden algunos de los misterios que se han practicado en secreto durante muchas generaciones, nos posicionamos entre aquellos que nos han precedido a un nivel que de otro modo sería inalcanzable.

Los ritos están conectados con los antepasados. Las prácticas de los que nos precedieron nos protegen de nuestra obsesión por la individualidad impulsada por nuestro ego, y nos reúnen con el concepto del cuerpo de Cristo tanto como creyente dentro del tiempo como el cuerpo que existe fuera del tiempo. Los rituales que no están relacionados con el cuidado de uno mismo, sino con el Reino, nos ayudan a pasar a una perspectiva macro de la actividad global y crean una conciencia intrínseca de los movimientos espirituales globales. Por último, los rituales relacionados con la sangre de Cristo, nos conectan con ese «todo» de la creación, tanto dentro como fuera del tiempo. «Porque por Él fueron creadas todas las cosas que están en los cielos y las que están en la tierra, visibles e invisibles, sean tronos, sean dominios, sean principados, sean potestades. Todo fue creado por medio de Él y para Él» (Colosenses 1:16). Los ritos espirituales, para el participante intencional, dejan una marca de asombro y un afecto más profundo por nuestro Dios.

Para el propósito de este diario, queremos animarte a crear tu propio ritual intencional. Podría ser una actividad de autocuidado que te permita sentirte más renovado y tener más tiempo con Dios. Actividades como el arte de sentarse en silencio durante cinco minutos cada mañana, practicar la gratitud, tomar un café o incluso simplemente apreciar alguna forma de belleza natural cada día que podría incluir una puesta de sol, un sendero de montaña o simplemente una hermosa flor. Sin embargo, el ritual también podría abarcar algunas de nuestras tradiciones espirituales transmitidas de generación en generación desde la Biblia. Esto podría incluir la comunión, o los credos que establecen los principios de nuestra fe o incluso dar las gracias en una comida. Podría incluir algunas de las estructuras espirituales que hemos aprendido a crear, o algunos de los compromisos que hacemos con el nombre de Dios. Sea cual sea la actividad o el ritual que elijas, el objetivo principal de este ejercicio es pensar y anotar conscientemente el afecto y la mirada del corazón durante este ritual, la atención y el enfoque de la mente y aumentar la conciencia de tu estatura y postura internas durante estas prácticas.

Ritual 1:

La actividad

¿Dónde está puesto el afecto de mi corazón durante este ritual? ¿Cuál es el enfoque de mi mente durante este ritual? ¿Cuál es mi intención para este ritual?

Ritual 2:
La actividad

¿Dónde está puesto el afecto de mi corazón durante este ritual? ¿Cuál es el enfoque de mi mente durante este ritual? ¿Cuál es mi intención para este ritual?

Ritual 3:
La actividad

¿Dónde está puesto el afecto de mi corazón durante este ritual? ¿Cuál es el enfoque de mi mente durante este ritual? ¿Cuál es mi intención para este ritual?

Ahora que has dedicado algún tiempo a pensar en tu afecto, atención, enfoque e intención deseada para estos rituales, empieza a practicarlos y comprueba si esta actividad aumenta tu conciencia y encuentro experiencial. Intenta hacer un ritual cada día durante el próximo mes.

PARTE 3:

ARMONIZANDO EL FLUJO GLOBAL

La belleza de un mundo completamente en armonía con su Creador ha sido el sueño desde antes de su fundación. El hombre, en la plenitud de su destino, era el armonizador de ese mundo. Era el hombre quien debía hacer que la Tierra se pareciera al Cielo y fue a él mismo a quien se le dio la sede de la autoridad, no sólo sobre la Tierra, sino sobre toda la creación. La Tierra es sólo el principio y estamos a épocas de cumplir esa primera misión.

El flujo de qué y quién entra y sale de la Tierra también es responsabilidad nuestra. Estamos diseñados para ser los guardianes de la justicia y la misericordia y los proveedores de belleza al cosmos. No empieza con el mundo entero, sino con nuestras propias vidas. Estamos perpetuamente comprometidos en el microcosmos del macrocosmos. Si se nos confía poco, se nos dará mucho. Ésta es nuestra promesa, éste es nuestro deseo, éste es nuestro destino: no sólo armonizar el planeta, sino expresar la belleza de la divinidad a toda la creación.

PREGUNTAS ADICIONALES PARA GANAR ENTENDIMIENTO ESPIRITUAL

19. Entendimiento, intuición y revelación

- ¿Qué revelación obtuve de la meditación?
- ¿Qué nueva comprensión recibí?
- ¿Sentí que lo que aprendí era algo nuevo o un recuerdo?
- ¿Qué pensamientos creativos o inspirados tuve durante la meditación?
- ¿Qué sabiduría o conocimiento he adquirido durante la meditación?
- ¿Cómo cambió mi perspectiva sobre una situación gracias a la meditación?
- Como resultado de mi meditación, ¿sentí que se me estaba incitando o moviendo suavemente a cambiar algo en respuesta al amor de Dios? ¿Obtuve una visión de algo dentro de mí que necesitaba cambiar, crecer, ser descartado o desarrollado?
- ¿Hubo algo específico que identifiqué durante la meditación y que me gustaría profundizar más adelante?

20. Percepción

- En algún momento de la meditación, ¿tuve la sensación de que una palabra, una oración, un versículo bíblico o un pensamiento concreto tenían un peso especial?
- Cuando pronuncié los nombres de Dios, invoqué la sangre de Jesús o interactué con el Espíritu Santo, ¿percibí el peso de Dios detrás de mi meditación?
- Durante la meditación, ¿tuve una impresión o percepción de algo fuera de mí? ¿Quizás la sensación de algo en la atmósfera? ¿Quizás la sensación de algo a nivel global?
- Cuando medito, ¿puedo percibir a los demás en la atmósfera? ¿Puedo percibir el impacto de la Iglesia? ¿Siento lo mismo todos los días de la semana? ¿Ciertos días de mi zona son diferentes? Si hay múltiples frecuencias, ¿puedo separarlas y determinar cuál es la más fuerte y cuál la más débil? ¿Cuál me atrae? ¿Cuál me aleja?

Sensación de movimiento

- Durante mi meditación, ¿percibo movimiento? ¿Siento que algo pasa a mi lado? ¿Entrando o saliendo de la habitación? ¿Un movimiento giratorio, en círculos, en espiral?
- Cuando medito sobre cosas que van más allá de mí, ¿hay algún ámbito (espiritual, global, nacional) en el que percibo movimiento?

21. Visión espiritual

- ¿Dónde está Jesús en medio de mi meditación?
- ¿Cómo está presente el Espíritu Santo en mi meditación?
- ¿He visto ángeles o seres, personas de la Nube de los Testigos, aspectos del

Espíritu Santo o tal vez un aspecto de la creación de antes de la caída? ¿Un recuerdo contenido en la llama de Dios?

- ¿Te encontraste con personas de la Nube de los Testigos, rabinos, sacerdotes, místicos de antaño; dignatarios, reyes o nobles; o personas concretas de tu propia genealogía?
- ¿Encontraste civilizaciones o ciudades antiguas, culturas originales o eternas?
- ¿Durante mi meditación vi alguna luz intermitente? ¿Hubo algún color? ¿Existe algún aspecto específico de la meditación con el que se asocien estas luces?
- ¿He visto un destello de alguna imagen específica retenida en el espacio?
- ¿Soy capaz de volver a ver algo de lo que vi en otro momento?
- ¿Hay algo que siempre veo en la meditación y que doy por sentado que es normal?
- ¿He visto algo inusual en la meditación que no entiendo pero que necesito describir?
- ¿Dónde está la zona gris o el área en la que no puede ver? ¿Puedo centrarme en ella y avanzar más allá de lo desconocido e imposible de ver?

22. Sensaciones

- ¿Hubo algún sentimiento predominante durante la meditación? ¿Ese sentimiento proviene de mí y de las cosas que están sucediendo en mi vida? ¿O de la atmósfera que me rodea o algo externo (quizás otra persona proyectando sus sentimientos, el Espíritu Santo aportando una sensación de paz y consuelo?)
- Durante la meditación, ¿hubo algo específico que me hizo sentir más tranquilo y relajado? ¿Seguro?
- ¿En algún momento de la meditación sentí el intenso deleite de Dios? ¿En relación con qué? ¿Soy consciente de los sentimientos de Dios? ¿Deleite? ¿Júbilo exuberante? ¿Compasión? ¿Bondad?
- Cuando medito en los nombres de Dios, ¿me provocan un sentimiento específico? Cuando encuentro un ángel, un ser o un miembro de la Nube de los Testigos o una letra de luz específica, ¿experimento un sentimiento específico?
- Cuando siento algo, ¿puedo volver mi corazón hacia ello y ver qué es o qué está causando ese sentimiento?
- ¿Cómo me sentía antes de meditar y cómo me siento después de meditar? ¿Hubo algún cambio? ¿Cuánto dura esa sensación después de terminar la meditación? ¿Se disipa inmediatamente? ¿Se mantiene a lo largo del día? ¿Puedo volver atrás y acceder a esa sensación si necesito un respiro y rememorarla?

23. Sensaciones auditivas

- ¿Puedo oír sonidos cuando medito? ¿Inaudibles o audibles? ¿Música o voces?
- Los Salmos hablan a menudo del sonido asociado a los fenómenos naturales, como el correr de las aguas, el chisporrotear del viento, el crepitar del fuego? ¿Tiene sonido la tierra que piso? ¿Oigo alguna vez el sonido asociado al trueno o a otros fenómenos naturales?
- ¿Oigo alguna vez sonidos asociados al movimiento? ¿Crepitaciones, silbidos?

- ¿Hay algún aspecto específico de la meditación o de la posición/lugar en el que participo que esté relacionado con un sonido concreto? ¿Ese sonido está relacionado con la curación? ¿El trono? ¿Cantan los ángeles? ¿Está presente la música de las esferas?
- ¿La frecuencia que oigo está en un punto concreto o impregna la atmósfera?
- ¿Puedo determinar de qué dirección proceden los sonidos? ¿Sólo veo y oigo lo que tengo delante?
- ¿Qué aumenta el sonido? ¿Qué disminuye el sonido? Si te inclinas hacia tu corazón, ¿aumenta el sonido o el sonido de las aguas de tu corazón enturbia el sonido que oyes?
- ¿Hay sonidos asociados a otras personas? ¿Amigos, familiares, seres queridos?
- ¿Y música relacionada con culturas antiguas? ¿Me he encontrado alguna vez con estos sonidos? ¿O música asociada a diferentes lugares geográficos?

24. Sensaciones olfativas y gustativas

- Cuando medito, ¿huelo alguna fragancia en algún momento de la meditación? ¿Es dulce? ¿Es afrutado? ¿Es vegetal? ¿Es floral? ¿Es más antiguo como los libros viejos y polvorientos? ¿Es medicinal como el eucalipto? ¿Es amaderado, como el abeto o el cedro? ¿O de monasterio, como el incienso?
- ¿Cuándo aparecen las fragancias en mi meditación? A menudo, durante los momentos de gratitud silenciosa, las personas han informado de un aumento del sentido del olfato. ¿Te ha ocurrido a ti?
- ¿En mi vida diaria experimento o encuentro alguna fragancia? ¿Coincide o complementa las fragancias que encuentro en mi meditación?
- ¿Alguna vez siento un sabor dulce o amargo durante la meditación?

25. Sensaciones físicas

- ¿En qué parte de mi cuerpo siento la presencia de Dios? ¿Era plenamente consciente de alguna de las partes de mi cuerpo? ¿Quizás mi corazón? ¿Mi columna vertebral? ¿Las rodillas?
- ¿Tuve una sensación de calor, de acumulación de energía o de hormigueo en algún momento de la meditación? ¿Qué estaba haciendo en ese momento?
- ¿Cuál es mi postura de meditación preferida? ¿Sentado, tumbado, de pie? ¿Hay alguna diferencia cuando cruzo las piernas y los brazos? ¿Hay alguna diferencia cuando medito con las manos hacia arriba? ¿Hay alguna diferencia cuando coloco la mano sobre el corazón?
- ¿Soy consciente de la energía que fluye por mi cuerpo? Durante la meditación, ¿he percibido algún bloqueo en el flujo de energía? Durante la meditación, ¿soy consciente de que la respiración fluye fácilmente por todo el cuerpo?
- ¿Puedo cambiar el lugar desde el que respiro? ¿Cambia eso lo que puedo percibir o el tipo de cosas que percibo?
- Los sentimientos a veces se reflejan como colores a nivel del cuerpo cuando la emoción se almacena en una parte específica del cuerpo. Cuando medito, ¿conecto sentimientos y colores? ¿Veo colores específicos que residen en partes concretas de mi cuerpo? ¿Puedo cambiar o intensificar los colores que residen en distintas partes de mi cuerpo?

- ¿Soy consciente de los lugares de mi cuerpo físico que funcionan como puertas espirituales? ¿Soy consciente de estas puertas? ¿Siento cuando estas puertas están cerradas? ¿Están conectadas con Dios? ¿con otras personas?

26. Conciencia de uno mismo y conexión

- Durante mi meditación, ¿sentí un fortalecimiento de mi conexión con Dios? ¿Con la vida de Cristo y la esperanza de Cristo dentro de mí? Si comulgué durante la meditación, ¿experimenté una sensación de conexión con la profundidad del amor de Cristo contenido en la sangre de Jesús y con la voz de la sangre de Jesús que habla por nosotros?

- ¿Experimenté una conexión con la sabiduría de Dios o la comprensión, la misericordia o la fuerza de Dios? ¿Una mayor sensación de confianza y fuerza interior como resultado de mi conexión con Cristo? (Todo lo puedo en Cristo que me fortalece)

- En mi meditación, ¿sentí un aumento, una acumulación o un impulso de amor, vida y luz de Dios creciendo dentro de mí y expandiéndose hacia afuera? ¿Me he sentido renovado durante la meditación?

- ¿Mi meditación aumentó mi comprensión de la belleza única que aporto a la creación? Un aspecto específico de mí mismo o de mi identidad. ¿Ha establecido algo específico en mi vida?

- ¿Mi meditación ha aumentado mi conciencia de mi propia voz y sonido dentro de la creación?

27. Yendo más allá

- ¿Diferente al calor energético sentí quizás un aire fresco o una brisa? ¿Un movimiento líquido acuoso o una sensación de calor ardiente?

- ¿Cómo honro lo que he visto, oído, olido, saboreado, sentido o percibido durante mi meditación? ¿Lo descarto como fantasía y lo tiro a la basura? ¿Lo traigo a Jesús y permito que lo sostenga en un lugar de amor y conexión?

- ¿Qué aspectos de mi meditación necesito revisar? ¿Llevarlos conmigo a la próxima meditación? Puede tratarse de una técnica de meditación específica que haya suscitado un entendimiento o de un pensamiento en el que haya que centrarse para profundizar en él.

JUICIO Y MISERICORDIA

Para los justos de Dios hay un arte en la capacidad de armonizar el Juicio y la Misericordia que se aleja de una balanza bipartidista diseñada para promover la equidad a través de partes iguales, el karma y cualquier otro sistema donde se sostiene la pescadilla que se muerde la cola (como el sistema de Libra que pesa y juzga todo en una balanza y encuentra al hombre insuficiente). «Has sido pesado en la balanza y has sido hallado falto» (Daniel 5:27). Sin embargo, para el hombre o la mujer de Dios que es hecho justo no por su propia justicia, sino por Cristo Jesús, que no tuvo pecado, son elevados por encima de la balanza de las leyes naturales, por encima del sistema de medición de la deficiencia del hombre y la demanda de pago del universo.

Para el creyente, la sangre de Cristo se coloca a ambos lados de la balanza, anulando la capacidad de la balanza para medir el déficit o el pecado. Vemos esto en Proverbios 16:11; «del Señor son los pesos y las balanzas». Esto se reitera aún más en el versículo 1 Pedro 4:17; «Porque el juicio comienza en la casa de Dios». Sin embargo, a pesar de que no hay condenación para los que están en Cristo (Romanos 8:1), parece que muchos de nosotros seguimos sintonizando nuestro ser interior hacia el juicio, tanto de nosotros mismos como de los demás, volviendo a colocar diversos aspectos de nuestras vidas en la balanza del juicio, a pesar de haber sido libertados y hecho libres por Cristo (Juan 8:32 parafraseado). La misericordia de Dios permanece para siempre.

Es el creyente maduro el que es capaz de inclinar la balanza global dirigiendo las corrientes de misericordia que entran en la tierra hacia la humanidad haciendo que llueva sobre justos e injustos (Mt 5:45). Son los poderosos hombres y mujeres de Dios los que, en lugar de condenar a los que no pertenecen a su tribu particular y unirse al ciclo de los oprimidos, convirtiéndose en opresores, optan por cavar hondo en el pozo de sus cimientos y extraen vasos de misericordia para que el frescor del rocío de la mañana y los torrentes de compasión sean disfrutados por todos los que se sientan bajo su sombra.

Hay dos tipos de juicio que deben mencionarse aquí. El «juicio suave», que es la corrección, y el «juicio severo». Sorprendentemente ambos son actos de Misericordia. La corrección es para ayudarte en el camino. Para explicar el juicio severo veamos brevemente a Noé. El mundo entero fue juzgado, pero fue para preservar la semilla de la humanidad. Aunque sea difícil de entender o comprender para la mayoría de la gente, a veces un rey mata a sus enemigos para proteger a su propia familia. Es un acto de juicio severo hacia otros pero un acto de misericordia hacia su propia familia. Este es el caso de Noé y de muchos otros en la Biblia.

Los reyes usan el juicio como una herramienta para producir misericordia para su reino, alineando las cosas correctamente en lugar de condenar a las naciones a la muerte. Jesús tomó el juicio sobre sí mismo para que la misericordia pudiera ser mostrada a toda la creación.

Declaración de identidad

Soy...

_____

_____

lo cual implica (acción asociada)

_____

_____

_____

DÍA	ENFOQUE	PLAN DE MEDITACIÓN
DOMINGO		
LUNES		
MARTES		
MIÉRCOLES		
JUEVES		
VIERNES		
SÁBADO		

Anotaciones

_____

_____

_____

Juicio contra uno mismo: ¿En qué áreas de mi vida me juzgo a mí mismo? ¿Hay cosas que intento volver a poner en la balanza del juicio en lugar de permitir que la gracia y la misericordia de Dios anulen la capacidad de la balanza para pesarme?

Gratitud
Hoy celebro

Conciencia del yo
Hoy estoy notando

Meditación   S N
¿He seguido hoy mi ritual de meditación matutino?

Discernimiento espiritual
Durante la meditación de hoy, he sentido, visto, percibido, aprendido, experimentado ...

Manifestación

Escribe sobre el día que quieres tener en pasado, como si ya hubiera ocurrido.

Espacio para dibujar

Juicio contra otros: ¿a quién o a qué juzgo y exijo un pago tanto literal como figurado? ¿Existe un doble rasero respecto a lo que espero de los demás en comparación con lo que dice Dios? ¿De qué manera mis prejuicios personales y mi conexión con mi propia tribu impulsan mi juicio sobre los demás

Gratitud
Hoy celebro

Conciencia del yo
Hoy estoy notando

Meditación   S N
¿He seguido hoy mi ritual de meditación matutino?

Discernimiento espiritual
Durante la meditación de hoy, he sentido, visto, percibido, aprendido, experimentado ...

Manifestación
Escribe sobre el día que quieres tener en pasado, como si ya hubiera ocurrido.

Espacio para dibujar

¿Cómo reeducar mi instinto reactivo para adoptar una postura de misericordia en lugar de pasar a la posición defensiva del juicio?

Gratitud
Hoy celebro

Conciencia del yo
Hoy estoy notando

Meditación   S N
¿He seguido hoy mi ritual de meditación matutino?

Discernimiento espiritual
Durante la meditación de hoy, he sentido, visto, percibido, aprendido, experimentado ...

Manifestación
Escribe sobre el día que quieres tener en pasado, como si ya hubiera ocurrido.

Espacio para dibujar

A nivel global, el juicio se define como la alineación correcta de las cosas. ¿Cómo participo en alinear las cosas con la voluntad y la misericordia de Dios? ¿Cómo emito un juicio justo desde mi posición de Rey? ¿Qué aspecto tangible tiene eso?

Gratitud
Hoy celebro

Conciencia del yo
Hoy estoy notando

Meditación   S N
¿He seguido hoy mi ritual de meditación matutino?

Discernimiento espiritual
Durante la meditación de hoy, he sentido, visto, percibido, aprendido, experimentado ...

Manifestación
Escribe sobre el día que quieres tener en pasado, como si ya hubiera ocurrido.

Espacio para dibujar

Se dice que construir un vaso de misericordia, de modo que todo juicio proceda de un lugar de misericordia, es crucial para que se produzca un gobierno justo. ¿Qué implica construir un vaso de misericordia? ¿Cómo puedo construir diariamente vasos de misericordia?

Gratitud
Hoy celebro

Conciencia del yo
Hoy estoy notando

Meditación   S N
¿He seguido hoy mi ritual de meditación matutino?

Discernimiento espiritual
Durante la meditación de hoy, he sentido, visto, percibido, aprendido, experimentado ...

Manifestación
Escribe sobre el día que quieres tener en pasado, como si ya hubiera ocurrido.

Espacio para dibujar

Su misericordia se renueva cada mañana (Lamentaciones 3:22-23). La misericordia es como la nube/el rocío de la mañana (Oseas 6:4). Contempla la conexión entre el rocío de la mañana y el refrigerio que proviene de la misericordia de Dios. ¿Cómo podemos romper las vasijas que almacenan la misericordia sobre aquellos en nuestras vidas que necesitan restauración?

Gratitud
Hoy celebro

Conciencia del yo
Hoy estoy notando

Meditación   S N
¿He seguido hoy mi ritual de meditación matutino?

Discernimiento espiritual
Durante la meditación de hoy, he sentido, visto, percibido, aprendido, experimentado ...

Manifestación
Escribe sobre el día que quieres tener en pasado, como si ya hubiera ocurrido.

Espacio para dibujar

Dios hizo llover sobre justos e injustos. ¿Cómo detenemos de forma tangible el brazo del juicio y dirigimos las refrescantes corrientes de misericordia hacia la humanidad?

Gratitud
Hoy celebro

Conciencia del yo
Hoy estoy notando

Meditación
¿He seguido hoy mi ritual de meditación matutino?

S N

Discernimiento espiritual
Durante la meditación de hoy, he sentido, visto, percibido, aprendido, experimentado ...

Manifestación

Escribe sobre el día que quieres tener en pasado, como si ya hubiera ocurrido.

Espacio para dibujar

LA VIDA Y LA MUERTE

Esta semana vamos a reflexionar sobre la conciliación de la muerte y la vida y sobre cómo la cruz transmutó la muerte en vida mediante el proceso de la resurrección, convirtiendo lo que estaba destinado a morir en un estado de finalidad y el permanecer muerto en vida en un estallido de abundancia. Vida que nunca puede morir - vida eterna.

Existen múltiples temas dentro de esta forma de transmutación y armonización. El primero es el concepto de muerte y sacrificio. Existe tanto una muerte destructiva como una muerte diaria a uno mismo. La muerte destructiva entró en el mundo como consecuencia de la caída y necesita ser transmutada por la sangre de Cristo. Si no se modifica, el poder del juicio se vuelve deconstructivo y sigue permitiendo que la resonancia de la muerte entre en nuestras células, órganos y cuerpo. Sin embargo, si aprendemos a transmutar el poder del juicio en gloria en lugar de muerte por la sangre de nuestro Señor Jesucristo, la luz contenida en la sangre se transmite a nuestras células, órganos y cuerpo, produciendo la abundancia de vida, sanando todas las enfermedades (en el caso de Cristo, la transfiguración de su cuerpo físico). La comunión (santa cena) es vital para entrelazar la sangre y el amor de Cristo y el poder tangible de la cruz en nuestra vida física diaria.

El segundo lugar donde encontramos este concepto de «muerte» es más un temor que una finalidad. Ocurre cuando nos encontramos con la santidad de Dios, cuando Él toma Su asiento en el trono rodeado de miríadas y miríadas de ángeles cada uno gritando, «Santo, Santo, Santo». Esta visión puede hacer que incluso el más valiente de los hombres tiemble bajo el peso y la saturación de Su presencia. La santidad para algunos puede sentirse como la muerte, pero es Su santidad la que exuda gloria y señales, milagros, sanación y vida abundante comienza a fluir por las venas de aquellos cuyos rostros irradian esta luz reflejada.

Y finalmente, en este lugar de transmutación de la muerte en vida, está el papel del sacerdote y el concepto de sacrificio. El cristiano santificado por Cristo es llamado un sacerdocio real y santo, y hay una entrega sacrificial y una liberación de aquello a lo que el alma se aferra. Una entrega a Dios como tal. Algunos llamarían a este concepto «morir al yo», pero nosotros creemos y hemos visto mucho más fruto en centrarnos en el proceso de rendición y entrega a Dios para que podamos centrarnos más en Él. Demasiados han pasado tanto tiempo centrándose en lo que está mal que han perdido completamente su capacidad de ver la belleza. Se necesita un nuevo enfoque, así como una comprensión completamente nueva de la naturaleza de nuestra alma. En este proceso de «despojarse de lo viejo» y «vestirse de lo nuevo», la mejor manera posible es a través de enfocarnos y aprender más de las profundidades de Dios. A medida que surgen las cuestiones que son inevitables, aprendemos de Él más acerca de nosotros mismos y nuestra forma de pensar y nuestro entendimiento cambian. En este lugar de asombro, liberando la muerte a la que todavía se aferra nuestra alma y transmutando nuestro entendimiento de un lugar de muerte a vida, nace de nuevo nuestra capacidad no sólo de ver la belleza, sino de transformar todo lo que nos rodea en este lugar.

Sólo desde un lugar de muerte y agonía Cristo se levantó y fue resucitado.

Declaración de identidad

Soy...

_____

_____

lo cual implica (acción asociada)

_____

_____

_____

DÍA	ENFOQUE	PLAN DE MEDITACIÓN
DOMINGO		
LUNES		
MARTES		
MIÉRCOLES		
JUEVES		
VIERNES		
SÁBADO		

Anotaciones

_____

_____

_____

Hay cosas en la vida que tienen que morir para que surjan nuevas oportunidades, nueva creatividad e incluso nuevas relaciones. ¿Cuáles son algunas de las cosas que necesitan llegar a su fin en mi vida? ¿Cuáles son las cosas que llevo a cuestas o a las que me aferro y que ya han pasado su fecha de caducidad? Pueden ser cosas literales o figuradas, como una amistad, un proyecto, una relación o incluso un patrón de comportamiento.

Gratitud
Hoy celebro

Conciencia del yo
Hoy estoy notando

Meditación   S N
¿He seguido hoy mi ritual de meditación matutino?

Discernimiento espiritual
Durante la meditación de hoy, he sentido, visto, percibido, aprendido, experimentado ...

Manifestación
Escribe sobre el día que quieres tener en pasado, como si ya hubiera ocurrido.

Espacio para dibujar

Consideremos el versículo: «Si la semilla no cae en tierra y muere, seguirá siendo un solo grano; pero si muere, dará mucho fruto» (Juan 12:24). A veces una semilla necesita morir y ser colocada en la sangre de Cristo para que pueda ser infundida con la abundante vida de Cristo y multiplicarse. Nuestro apego a la semilla puede ser lo que limite su impacto. Decidir ponerla en la cruz/altar, eliminar nuestro apego, empaparla en la sangre y confiar en Dios para que la nutra, la haga crecer y la coseche puede tener efectos de gran alcance. ¿Qué semillas de mi vida necesito colocar en el altar y empapar en la sangre de Cristo?

Gratitud
Hoy celebro

Conciencia del yo
Hoy estoy notando

Meditación   S N
¿He seguido hoy mi ritual de meditación matutino?

Discernimiento espiritual
Durante la meditación de hoy, he sentido, visto, percibido, aprendido, experimentado ...

Manifestación
Escribe sobre el día que quieres tener en pasado, como si ya hubiera ocurrido.

Espacio para dibujar

Empapar cosas en la sangre de Cristo no es solo para cosas que hay que entregar, sino también cosas que se han trabajado y almacenado con el tiempo.
Podría ser la excelencia en tu área profesional, podría ser el trabajo duro, la virtud o algo que requiriera disciplina como el crecimiento de la paciencia y el amor. Cuando todas estas semillas se colocan dentro de la sangre se les da la capacidad de multiplicarse y ser cosechadas en un tiempo futuro en tu vida.

Gratitud
Hoy celebro

Conciencia del yo
Hoy estoy notando

Meditación   S N
¿He seguido hoy mi ritual de meditación matutino?

Discernimiento espiritual
Durante la meditación de hoy, he sentido, visto, percibido, aprendido, experimentado ...

Manifestación
Escribe sobre el día que quieres tener en pasado, como si ya hubiera ocurrido.

Espacio para dibujar

¿Si algo no muere no puede resucitar? ¿Cuáles son los sueños y deseos, las semillas de mi vida que he dejado morir y que ahora necesitan ser resucitadas o cosechadas?

Gratitud
Hoy celebro

Conciencia del yo
Hoy estoy notando

Meditación   S N
¿He seguido hoy mi ritual de meditación matutino?

Discernimiento espiritual
Durante la meditación de hoy, he sentido, visto, percibido, aprendido, experimentado ...

Manifestación
Escribe sobre el día que quieres tener en pasado, como si ya hubiera ocurrido.

Espacio para dibujar

La capacidad de resucitar está profundamente relacionada con la vida abundante, la vitalidad y la energía de Cristo. ¿Cómo celebro cada día la vitalidad, el brillo, la energía de la vida explosiva y abundante que se me ha dado a través de Cristo?

Gratitud
Hoy celebro

Conciencia del yo
Hoy estoy notando

Meditación   S N
¿He seguido hoy mi ritual de meditación matutino?

Discernimiento espiritual
Durante la meditación de hoy, he sentido, visto, percibido, aprendido, experimentado ...

Manifestación
Escribe sobre el día que quieres tener en pasado, como si ya hubiera ocurrido.

Espacio para dibujar

Muchas personas en el mundo han tenido visiones de sí mismas con 200 y 300 años, estando aún vivas. La inmortalidad se ha convertido en un gran tema de interés para muchos (¡especialmente para los mayores de cincuenta años!). ¿Es este cuerpo físico el único que tengo? ¿Es la fisicalidad sólo para este mundo o también para los tiempos venideros? ¿Cuántos cuerpos tengo y cómo empiezo a conectar con todos ellos? (Véase 1 Corintios 15 como referencia).

Gratitud
Hoy celebro

Conciencia del yo
Hoy estoy notando

Meditación   S N
¿He seguido hoy mi ritual de meditación matutino?

Discernimiento espiritual
Durante la meditación de hoy, he sentido, visto, percibido, aprendido, experimentado ...

Manifestación
Escribe sobre el día que quieres tener en pasado, como si ya hubiera ocurrido.

Espacio para dibujar

Uno de los mayores obstáculos para la ascensión es el miedo a la muerte. Tu cuerpo físico no sabe con certeza si volverás tras salir de tu cuerpo. Creer lo contrario de un miedo no anula ni trata ese miedo. La mejor manera de lidiar con el miedo es enfrentarlo objetivamente, abrazarlo, permitir que pase a través de ti y cuando termine, tú permaneces. Tómate un tiempo y sé sincero sobre el miedo a la muerte en tu vida. Mientras haces una evaluación honesta, mira fijamente a la llama del Amor y permite que Dios hable. En el proceso observa las dimensiones por las que estás ascendiendo para escuchar la respuesta.

Gratitud
Hoy celebro

Conciencia del yo
Hoy estoy notando

Meditación   S N
¿He seguido hoy mi ritual de meditación matutino?

Discernimiento espiritual
Durante la meditación de hoy, he sentido, visto, percibido, aprendido, experimentado ...

Manifestación
Escribe sobre el día que quieres tener en pasado, como si ya hubiera ocurrido.

Espacio para dibujar

ABUNDANCIA Y PROVISIÓN FRENTE A SEQUÍA

La abundancia frente a la sequía consiste en equilibrar las aguas que sostienen, nutren e impulsan la vida en toda la creación. Hay que tener en cuenta cuatro aspectos del agua:

1. la falta de agua interna y externa que causa sequía, inanición y muerte

2. la falta de agua externa, que ofrece al cristiano la oportunidad de utilizar su reserva de agua interior, conectada con el cielo y que nunca se seca, para sostenerse independientemente de las circunstancias externas.

3. abundancia de agua que hace florecer la productividad y lo externo

4. inundación; demasiada agua puede causar muerte y destrucción si el individuo intenta controlar la inundación.

Para el propósito de este diario de meditación vamos a profundizar en el concepto de inundación.

¿Has tenido alguna vez un sueño en el que estabas en la playa o cerca de un río y, de repente, miras hacia arriba o te das la vuelta y hay un muro de agua o un tsunami que se dirige directamente hacia ti? ¿Entraste en pánico? ¿Corriste? ¿Te dirigiste hacia él? ¿Intentaste detenerlo? En muchos casos (no en todos) la forma en que reaccionaste en esa situación es la forma en que reaccionarías ante la riqueza o prosperidad económica repentina. Muchas personas desean la libertad, pero ¿qué pasaría si algo más grande de lo que tenías la capacidad de controlar comenzara a venir hacia ti?

La abundancia es a la vez estimulante y aterradora, descorre todos los velos y nos deja al descubierto en lo más profundo. La abundancia, como el agua, puede ser un océano tranquilo que trae paz más allá de lo que jamás hayamos experimentado o un río rugiente a punto de desbordarse que corta valles y gargantas en la roca más dura mientras se encuentra con una belleza impresionante. La fuerza bruta del agua, la riqueza y el favor son algo digno de contemplar. En esencia, es la capacidad de convertirse en camello en el desierto y ver la lluvia en el horizonte cuando no hay nubes en el cielo. Una vez viajaba en un tren con techo de cristal con un buen amigo en las montañas de las afueras de Cuzco, Perú. La vía del tren se había construido junto a un río que se desbordaba con frecuencia. Las vías del tren se habían colocado meticulosamente para que estuviéramos literalmente a unos metros de un río caudaloso y de la muerte. Fue una de las mejores experiencias de mi vida. El camino serpenteaba con el río por la altitud de la cordillera de los Andes, que se alzaba sobre nosotros mientras contemplábamos su belleza. En cada curva había una nueva cascada o una nueva montaña nevada que nos dejaba literalmente sin aliento. Mirando el río, parecía que había estado ahí desde los albores de la Tierra. Las rocas más pequeñas del río eran tan grandes como autobuses y las más grandes como un edificio de oficinas de dos plantas. Este río daría risa si alguien intentara clasificarlo según sus rápidos. Era un río bravo, salvaje, indómito, casi como si Dios mismo lo hubiera construido para nosotros en ese momento.

Dirigir el flujo de las finanzas dentro y fuera de tu vida requiere delicadeza. Requiere un conocimiento más allá de lo que la mayoría tiene y muchos de los que lo dominan no tienen ni idea de la profundidad del conocimiento espiritual que están demostrando.

Dirigir el flujo de las finanzas en tu vida es dirigir el flujo de las aguas dentro y fuera de tu vida. La persona que puede gobernar las aguas internas y externas alrededor de su vida no sólo acumulará abundancia - la distribuirá desde arriba.

Declaración de identidad

Soy...

_____

_____

lo cual implica (acción asociada)

_____

_____

_____

DÍA	ENFOQUE	PLAN DE MEDITACIÓN
DOMINGO		
LUNES		
MARTES		
MIÉRCOLES		
JUEVES		
VIERNES		
SÁBADO		

Anotaciones

_____

_____

_____

Si me dieran 1.000 millones de dólares, ¿cómo asignaría concretamente cada dólar? Regalar dinero no es una opción. ¿Qué inversiones haría? ¿En qué industria me gustaría participar?

Gratitud
Hoy celebro

Conciencia del yo
Hoy estoy notando

Meditación   S   N
¿He seguido hoy mi ritual de meditación matutino?

Discernimiento espiritual
Durante la meditación de hoy, he sentido, visto, percibido, aprendido, experimentado ...

Manifestación

Escribe sobre el día que quieres tener en pasado, como si ya hubiera ocurrido.

Espacio para dibujar

Todo el mundo tiene una serie de principios financieros por los que se rige, tanto si es consciente de ellos como si no. Piensa en tus principios financieros y decide si promueven la escasez o la abundancia. ¿Cambian según la estación del año en la que te encuentres?

Gratitud
Hoy celebro

Conciencia del yo
Hoy estoy notando

Meditación   S N
¿He seguido hoy mi ritual de meditación matutino?

Discernimiento espiritual
Durante la meditación de hoy, he sentido, visto, percibido, aprendido, experimentado ...

Manifestación
Escribe sobre el día que quieres tener en pasado, como si ya hubiera ocurrido.

Espacio para dibujar

La aplicación más obvia de «abundancia frente a sequía» son las finanzas; sin embargo, existen escenarios figurados de sequía y consiguiente inanición frente a abundancia de agua y paisajes fructíferos y fastuosos. Piensa en todos los ámbitos de tu vida. ¿Dónde estás produciendo más, qué áreas se sienten más exuberantes y qué áreas se sienten en sequía? ¿Puedes dirigir más agua a estas zonas de sequía?

Gratitud
Hoy celebro

Conciencia del yo
Hoy estoy notando

Meditación   S N
¿He seguido hoy mi ritual de meditación matutino?

Discernimiento espiritual
Durante la meditación de hoy, he sentido, visto, percibido, aprendido, experimentado ...

Manifestación
Escribe sobre el día que quieres tener en pasado, como si ya hubiera ocurrido.

Espacio para dibujar

Medita en la letra hebrea Guímel. Guímel se considera el camello que puede mantener su propio suministro de agua incluso en el desierto. ¿Cómo puedes utilizar las aguas de tu interior, conectadas a las aguas que fluyen del interior de Dios, para regar y mantener la abundancia en todos los ámbitos de tu vida a pesar de lo que las circunstancias externas estén produciendo?

Gratitud
Hoy celebro

Conciencia del yo
Hoy estoy notando

Meditación   S N
¿He seguido hoy mi ritual de meditación matutino?

Discernimiento espiritual
Durante la meditación de hoy, he sentido, visto, percibido, aprendido, experimentado ...

Manifestación
Escribe sobre el día que quieres tener en pasado, como si ya hubiera ocurrido.

Espacio para dibujar

Una inundación incontrolable de agua puede parecer muerte y destrucción para quienes no saben desenvolverse en la abundancia. Considera una inundación repentina. Quienes acampan en el lecho seco del río esperando que nunca llueva, son arrastrados y mueren en la súbita crecida. ¿De qué manera necesito volverme más expectante y prepararme para la abundancia extrema y las inundaciones? ¿Cómo puedo crear presas y vías metafóricas para que el río fluya a través de ellas, de modo que no sólo yo, sino toda mi tierra y todas las personas vinculadas a mí experimenten la abundancia?

Gratitud
Hoy celebro

Conciencia del yo
Hoy estoy notando

Meditación   S N
¿He seguido hoy mi ritual de meditación matutino?

Discernimiento espiritual
Durante la meditación de hoy, he sentido, visto, percibido, aprendido, experimentado ...

Manifestación
Escribe sobre el día que quieres tener en pasado, como si ya hubiera ocurrido.

Espacio para dibujar

La necesidad de controlar cada aspecto y sostener todas las partes que se mueven es a menudo lo que causa que la abundancia, la inundación y el caos se sientan como muerte y destrucción, en lugar de aumento exponencial y bendición. ¿Cuáles son las áreas de mi vida en las que necesito renunciar al control supremo? ¿Cuáles son las áreas de mi vida en las que me estoy aferrando con demasiada fuerza?

Gratitud
Hoy celebro

Conciencia del yo
Hoy estoy notando

Meditación   S N
¿He seguido hoy mi ritual de meditación matutino?

Discernimiento espiritual
Durante la meditación de hoy, he sentido, visto, percibido, aprendido, experimentado ...

Manifestación

Escribe sobre el día que quieres tener en pasado, como si ya hubiera ocurrido.

Espacio para dibujar

Trabajar con lo angélico es fundamental a la hora de dirigir el flujo de las aguas tanto interna como externamente. Cuando observas las aguas sobre tu vida, ¿eres consciente de los ángeles que las dirigen? ¿Cómo interactúas con estos ángeles?

Gratitud
Hoy celebro

Conciencia del yo
Hoy estoy notando

Meditación   S N
¿He seguido hoy mi ritual de meditación matutino?

Discernimiento espiritual
Durante la meditación de hoy, he sentido, visto, percibido, aprendido, experimentado ...

Manifestación

Escribe sobre el día que quieres tener en pasado, como si ya hubiera ocurrido.

Espacio para dibujar

LUZ FRENTE A OSCURIDAD

Hay un tipo de luz que está relacionada con el movimiento. Por ejemplo, la luz del Sol y la Luna que están conectadas a los ciclos de la Tierra. Hay otro tipo de luz, la luz sin movimiento que es una difusión de la luz que se produce a partir de la conexión de la creación con Dios, con la sangre de Jesús y la gloria del hijo de Dios. Es esta luz la que ilumina la Nueva Jerusalén (Apocalipsis) y esta luz la que permite que exista el concepto mismo de vida dentro del mundo creado. Si se retirara de la creación la luz del Cordero que fue inmolado en la fundación del mundo, la creación se marchitaría y moriría.

Es a partir de esta premisa que la biblia nos ordena obedecer y deleitarnos en la Palabra (y por poder la Ley que es una extensión de la Palabra). Al hacerlo nos entrelazamos con la luz difusa que existe antes de que la luz tuviera movimiento - la luz de Cristo, la luz de gloria que emite el Hijo de Dios, la luz de la sangre que fue inmolada y la luz que sostiene a la Nueva Jerusalén. «Lámpara es a tus pies tu palabra, y lumbrera a tu camino» (Salmo 119:115). Hay una luz específica que se recibe al leer la Palabra. Una bendición que extasía el alma, los órganos, el camino del hombre. Bienaventurado aquel cuyo deleite está en la ley del Señor (Salmo 1), Shema Yisrael... oír la Palabra y creerla hace que una luz de fe entre en la mente y disipe las tinieblas de la incredulidad. «Y estas palabras que yo te mando hoy estarán en tu corazón. Las enseñarás con diligencia a tus hijos, y hablarás de ellas cuando estés sentado en tu casa, cuando andes por el camino, cuando te acuestes y cuando te levantes Las atarás como una señal a tu mano, y serán como frontales entre tus ojos. Las escribirás en los postes de tu casa y en tus puertas». (Deuteronomio 6)

Por el contrario, la oscuridad es un concepto interesante en la Biblia y adopta diversas formas. Hay una oscuridad que es un cierre de la luz de Dios a algo. El alma que no es iluminada por la Palabra. El cierre de la luz es algo serio. Cuando la luz de Dios se cierra, no hay acceso a la alegría o a la presencia. Estas tinieblas revelan el mal y hacen que caiga una sombra sobre aquello hacia lo que se cierra la luz. Sin embargo, también hay una oscuridad que es la invisibilidad de algo que está oculto y, por supuesto, los misterios de Dios que se ocultan en lugar de revelarse.

Una de las muchas cosas que estamos explorando en este proyecto son los misterios de Dios que están ocultos. «Es gloria del Señor ocultar un asunto y gloria de los Reyes escudriñarlo». La invisibilidad de algo en la vida de cualquiera es o bien un «todavía no» porque no se ha madurado lo suficiente o, más que probablemente, una invitación a explorar y madurar en el camino. La oscuridad puede ser algo hermoso, ya que puede revelar los secretos. Ahora bien, si supiéramos evitar proyectar al mundo cada pequeña cosa que Dios nos muestra y aprendiéramos a guardar silencio, es probable que Dios compartiera más con nosotros. El equilibrio entre la luz y la oscuridad en la vida personal de cada uno podría ser un equilibrio entre lo que se oculta y lo que se revela. Una persona madura se convierte en la caja fuerte en la que se pueden guardar las cosas más profundas de Dios, sólo permitiendo el acceso a alumnos de confianza con permiso de lo alto.

Declaración de identidad

Soy...

_____

lo cual implica (acción asociada)

_____
_____

DÍA	ENFOQUE	PLAN DE MEDITACIÓN
DOMINGO		
LUNES		
MARTES		
MIÉRCOLES		
JUEVES		
VIERNES		
SÁBADO		

Anotaciones

_____
_____

¿Cómo infunde Jesús, que es la Palabra, luz en todo mi ser? ¿Cómo sigue infundiendo esa luz en mí la lectura de la Palabra, el contacto con las letras hebreas (letras de luz)?

Gratitud
Hoy celebro

Conciencia del yo
Hoy estoy notando

Meditación   S N
¿He seguido hoy mi ritual de meditación matutino?

Discernimiento espiritual
Durante la meditación de hoy, he sentido, visto, percibido, aprendido, experimentado ...

Manifestación
Escribe sobre el día que quieres tener en pasado, como si ya hubiera ocurrido.

Espacio para dibujar

Hay múltiples versículos bíblicos sobre escribir la ley (que es una extensión de la palabra) en el corazón, atarla a la mano y a la cabeza. ¿Por qué vincula la biblia la luz a estos puntos concretos? ¿Qué valor tiene para el hombre que la luz sature la cabeza, el corazón y la mano?

Gratitud
Hoy celebro

Conciencia del yo
Hoy estoy notando

Meditación   S N
¿He seguido hoy mi ritual de meditación matutino?

Discernimiento espiritual
Durante la meditación de hoy, he sentido, visto, percibido, aprendido, experimentado ...

Manifestación
Escribe sobre el día que quieres tener en pasado, como si ya hubiera ocurrido.

Espacio para dibujar

Una de las capacidades de la luz y de ser envuelto por la luz de Cristo es que nos permite ocultarnos. ¿Cuál es el valor de la ocultación para mí personalmente? ¿Cuál es el valor de limitar mi exposición y no exhibir todo lo que contengo a todo el mundo?

Gratitud
Hoy celebro

Conciencia del yo
Hoy estoy notando

Meditación   S N
¿He seguido hoy mi ritual de meditación matutino?

Discernimiento espiritual
Durante la meditación de hoy, he sentido, visto, percibido, aprendido, experimentado ...

Manifestación
Escribe sobre el día que quieres tener en pasado, como si ya hubiera ocurrido.

Espacio para dibujar

Existe un concepto de luz antes del movimiento, la luz que existe antes de la creación y de los ciclos del Sol y la Luna. Es como una luz radiante similar a la luz que se produce como resultado del Cordero de Dios en la Nueva Jerusalén. ¿Cómo puedo atraer esta forma de luz y permitir que se difunda en todo mi ser? ¿Qué significaría estar aislado de esta luz? ¿Es eso posible?

Gratitud
Hoy celebro

Conciencia del yo
Hoy estoy notando

Meditación   S N
¿He seguido hoy mi ritual de meditación matutino?

Discernimiento espiritual
Durante la meditación de hoy, he sentido, visto, percibido, aprendido, experimentado ...

Manifestación
Escribe sobre el día que quieres tener en pasado, como si ya hubiera ocurrido.

Espacio para dibujar

Hay un tipo específico de luz relacionada con la gloria que se difunde en toda la creación. ¿Qué aspecto habría tenido la creación si la luz de la gloria no se hubiera solidificado durante la caída del hombre? ¿Qué aspecto tendrían las rocas? ¿Los animales? ¿Las plantas? ¿Lo inorgánico y lo orgánico?

Gratitud
Hoy celebro

Conciencia del yo
Hoy estoy notando

Meditación   S N
¿He seguido hoy mi ritual de meditación matutino?

Discernimiento espiritual
Durante la meditación de hoy, he sentido, visto, percibido, aprendido, experimentado ...

Manifestación
Escribe sobre el día que quieres tener en pasado, como si ya hubiera ocurrido.

Espacio para dibujar

¿Qué significa ser considerado el depositario? Hay un principio inherente a la construcción de lo oculto y lo revelado y es que Dios nos confía los misterios. ¿Cómo se integra esto con mi ego y mi comprensión de la responsabilidad que tengo de manejar las cosas más profundas?

Gratitud
Hoy celebro

Conciencia del yo
Hoy estoy notando

Meditación   S   N
¿He seguido hoy mi ritual de meditación matutino?

Discernimiento espiritual
Durante la meditación de hoy, he sentido, visto, percibido, aprendido, experimentado ...

Manifestación
Escribe sobre el día que quieres tener en pasado, como si ya hubiera ocurrido.

Espacio para dibujar

Al movernos entre la luz y el misterio, tenemos que tener presente el concepto de ocultación y revelación. Si lo que estamos revelando o el aspecto de nosotros mismos que se va a revelar pudiera hacerse a la perfección, ¿cómo sería? ¿Cuáles son los pasos necesarios para administrar bien lo que hemos aprendido? ¿Cómo afecta la revelación de nosotros mismos a las personas que nos rodean y cómo las podemos amar bien a través de nuestra revelación, especialmente cuando la parte de nosotros que ellos conocen está dejando de ser y nuestra parte nueva está empezando a manifestarse?

Gratitud
Hoy celebro

Conciencia del yo
Hoy estoy notando

Meditación
¿He seguido hoy mi ritual de meditación matutino? S N

Discernimiento espiritual
Durante la meditación de hoy, he sentido, visto, percibido, aprendido, experimentado ...

Manifestación
Escribe sobre el día que quieres tener en pasado, como si ya hubiera ocurrido.

Espacio para dibujar

La revelación establecida de la luz y la iluminación en tu vida es una realidad dimensional que muy pocos han sido capaces de expresar (fuera del arte y el anime). Incluso entonces, a nivel personal es difícil de describir, aparte de despertar al mejor día de tu vida cada vez que respiras para centrarte en algo diferente. La belleza, el honor, la vida, el amor, la plenitud, la alegría, la fuerza y todo lo demás llega, aunque sea por un momento, a perpetuidad. Juan el Revelador lo dijo mejor en Apocalipsis 4:11; «Digno eres, Señor nuestro y Dios nuestro, de recibir la Gloria, el Honor y el Poder. Porque tú creaste todas las cosas y por tu voluntad existieron y fueron creadas».

PREGUNTAS ADICIONALES

Semana 1: Juicio y misericordia

- ¿Cómo juzga un Rey?
- ¿Cómo muestra misericordia un Rey?
- ¿Hay alguna situación en la que se muestren y apliquen ambas?
- ¿Qué aspecto ha tenido el juicio en tu vida?
- ¿Dónde he visto el principio del equilibrio universal de la balanza en otras religiones, sectores de la vida, zodíaco?
- ¿Qué significan para mí las palabras «justo» e «igual» y qué valor concedo a estos componentes? ¿Me siento profundamente ofendido cuando considero algo «injusto»? ¿Cómo interactúan estos conceptos con mi percepción de la gracia?
- ¿Pensé que Jesús tomó todo eso? ¿Qué partes tomó y qué partes no tomó?
- ¿Cuál es la diferencia entre el juicio que viene del Padre y el juicio que viene del mundo y de nuestras acciones?
- ¿Cuándo la misericordia se convierte en demasiado? ¿Causa daño?
- ¿En qué momento la misericordia deja vulnerable aquello que estoy llamado a proteger?
- ¿Con qué aspectos de la compasión ve Dios el mundo?
- Concéntrate en un aspecto de la compasión y empieza a integrarlo en tus
- compromisos. ¿Cómo cambia el compromiso?

Semana 2: Vida, muerte, sacrificio, entrega, salud y resurrección

- ¿Qué significa morir cada día?
- ¿Cómo causa la sangre de Jesucristo la multiplicación y en qué dimensiones ocurre esa multiplicación?
- ¿Cuándo aprendió Adán el principio de la resurrección, si no había muerte ni descomposición en el cielo? ¿Lo aprendió después de la caída?
- ¿Cuál es la relación entre el sueño y la muerte? ¿Tenía el sueño en el Cielo el aspecto que tiene ahora en la Tierra? Considera las palabras de Isaías «Despierta, durmiente, y levántate de entre los muertos»? (Isaías 60:1; Efesios 5:14)
- ¿Cómo puedo equilibrar mi salud espiritual con mi salud natural?
- ¿Cómo afecta mi salud natural a mi salud espiritual?
- ¿Cómo afecta mi respiración física y mi nivel de estrés a mi capacidad para moverme en el espíritu?

Semana 3: Abundancia y sequía

- ¿Qué aspecto tiene para ti la abundancia?
- ¿Cómo puedo convertir lo que tengo en abundancia?
- ¿Qué desencadenante emocional tengo que me hace gastar dinero como un loco? De la siguiente lista de estrategias publicitarias de persuasión (reciprocidad - sentir que tengo que dar después de haber recibido; prueba social - utilizar a la mayoría de la gente para que me valide; autoridad - digno de confianza y creíble; escasez - el último que queda; exclusividad - único en su especie y coherencia - mantener las elecciones anteriores), ¿a qué herramienta de marketing soy más susceptible y en qué ámbito de mi vida?
- ¿Qué porcentaje de mis beneficios y ganancias puedo gastar en mí mismo? ¿Cuál es mi propia estructura de retribución?
- ¿Cómo puedo protegerme contra un mercado inseguro o una recesión económica?
- ¿Cómo puedo prepararme mejor para la próxima sequía?
- ¿Es necesaria la sequía? ¿Por qué sí o por qué no?
- ¿Necesito gestionar mis propias finanzas? ¿Por qué sí o por qué no?
- ¿A quién puedo contratar para que me ayude con mi futuro?
- ¿Cómo puedo aumentar el flujo de agua en mi vida? ¿Cómo puedo aumentar el ritmo de conexión entre las aguas de mi vida y las aguas que proceden del trono de Dios? ¿Toda el agua tiene que pasar por mi corazón o puede evitarlo y fluir directamente hacia mi mano?
- Después del diluvio figurado, ¿cuáles son las señales de que hay tierra seca por delante?

Semana 4: Luz, iluminación, oscuridad y misterio

- ¿Qué eran las tinieblas que Dios creó en Génesis 1?
- ¿Qué hace la luz espiritual?
- ¿Cuál es la diferencia entre luz e iluminación?
- ¿Cuál es la diferencia entre oscuridad y misterio?
- Aparte de misterio, ¿qué más contienen las tinieblas que Dios creó?
- ¿Qué ocurre cuando te ilumina la Luz?
- ¿Cuáles son las diferentes áreas de la iluminación?
- ¿Por qué existen polaridades como luz y oscuridad, iluminación y misterio?
- ¿Existen estas polaridades en los reinos superiores del Cielo? ¿Por qué sí o por qué no?
- ¿Dónde se encuentra la luz dentro de ti y cuál es el proceso a través del cual la luz revela la iluminación?

SOBRE EL AUTOR

Joseph Sturgeon vive y trabaja en Alabama. Le encanta pasar tiempo en el cielo y plasmar estas experiencias por escrito.

Por lo demás, lo encontrarás disfrutando del aire libre, participando en el mundo de los negocios y viajando con amigos.

Encontrarás más recursos en www.revelationrevealed.net

SeraphCreative

Heaven's Heart for Earth

Seraph Creative es un colectivo de artistas, escritores, teólogos e ilustradores que desean ver el cuerpo de Cristo crecer en plena madurez, caminando en su herencia como Hijos de Dios en la Tierra.

Suscríbete a nuestro boletín de noticias para conocer el lanzamiento del próximo libro de la serie, así como otros emocionantes lanzamientos.

Visita nuestro sitio web :

www.seraphcreative.org

www.ingramcontent.com/pod-product-compliance
Lightning Source LLC
Chambersburg PA
CBHW070916120626
46546CB00001B/284